우리 곁의 한시

우리 곁의
한시

여행이 즐거워지는 역사 이야기

기태완 지음

간단한 안내판으로는
알 수 없는
옛 고적의 여러 사연을
소개합니다

10월 말 남녘 산에도 단풍이 막 들기 시작했습니다. 실로 오랜만에 새벽부터 먼 길을 나섰지요. 2박 3일의 일정으로 거창과 함양, 담양과 영암, 강진 일대를 둘러보기 위해서였습니다.

지난봄에는 한국예술철학회 학우들과 장흥 천관산의 동백꽃과 그 가까이에 있는 고적을 보러 남행을 했는데 이번에는 학아재學我齋 학우들과 동행했습니다.

함양의 일두一蠹 정여창鄭汝昌 고택은 30여 년 전에 학술답사로 방문했던 곳인데 그때 다과를 대접해 준 고택의 노인들은 이미 세상을 떠나고 지금은 아무도 살지 않는 빈 집이 되었습니다. 현재 건물은 화재를 당하여 다시 지은 것입니다. 집 대문 옆에 드라마 촬영지였다는 안내판이 두 개나 세워져 있습니다.

정여창1450-1504은 조선 전기 사림파의 대표적인 학자이며 정치가입니다. 과거에 급제하여 안음현감 등을 지냈는데 1498년연산군 4 훈구파가 일으킨 무오사화戊午士禍 때 함경도 경성으로 유배되어 죽었지요. 또 갑자사화甲子士禍 때 관에서 시체를 꺼내 베는 부관참시를 당했습니다. 이후 명예가 복권돼 1610년광해군 10 조광조趙光祖, 이언적李彦迪 등과 함께 다섯 사람의 현인인 오현五賢의 한 사람으로 문묘에 모셔졌지요. 그의 '일두'라는 호는 한 마리 좀벌레라는 뜻입니다. 일찍이 근세의 국학자 정인보는 조선시대 오백 년 동안 가장 멋진 호는 일두라고 했다고 합니다. 정여창은 거대한 우주 속의 인간은 한 마리 좀벌레에 지나지 않는다고 생각했던 것 같습니다.

지금 정여창의 고택은 세트장처럼 빈집이 되어 드라마 촬영 장소로 소개되거나 한옥 체험 숙소로 이용되고 있습니다. 저는 이러한 현실이 서글픕니다. 이는 정여창 고택만의 문제가 아닙니다. 여러 지역의 문화유산으로 지정된 유구한 고택들 또한 그 사정이 비슷한 곳이 적지 않습니다.

금천이 흘러가는 함양 화림동 계곡은 맑은 물과 바위로 빼어난 경치를 자랑합니다. 그래서 예로부터 유서 깊은 정자들이 많지요. 그중에 거연정, 군자정, 농월정 등을 둘러보았습니다. 모두 지난날 보았던 옛 모습이었습니다. 다만 농월정은 십여 년 전에 화재를 입어 보수해 다시 지었습니다. 농월정 앞에 널리 퍼져 있는 수석과 반석은 이 계곡의 풍광 중 백미일 성싶습니다.

담양 식영정息影亭 일대는 가사문학의 성지라 불립니다. 〈면앙정가〉

를 지은 송순의 면앙정과 정철의 송강정이 근처에 있지요. 식영정은 송강 정철이 〈성산별곡〉을 지은 장소입니다.

식영정이 있는 무등산 골짜기에는 많은 정자와 정원이 즐비합니다. 서하당, 명옥헌, 환벽당, 취가정, 소쇄원 등이 그 대표적인 곳이지요. 한 시대 유명했던 인물들이 이 지역을 출입하며 많은 사연을 남겼습니다. 송순宋純, 임억령林億齡, 고경명高敬命, 정철鄭澈, 김성원金成遠, 성수침成守琛, 김인후金麟厚, 기대승奇大升, 백광훈白光勳, 양산보梁山甫, 김덕령金德齡 등이 그들입니다. 이들은 각자 정치가, 문인, 철학자, 의병장 등으로 크게 활약하여 후세까지 명성을 전했습니다.

식영정은 조그만 방 한 칸과 좁은 마루로 된 작은 정자입니다. 이런 누추한 정자가 《신증동국여지승람》에 창평현의 대표 누정으로 소개된 것은 이곳을 드나들었던 인물들의 면면 때문이 아니겠습니까?

저는 식영정 일대를 수십 년에 걸쳐 수십 번을 방문했습니다. 그러나 앞으로 몇 번이나 더 오게 될지 의문입니다. 제 나이가 이미 이순의 고개를 넘은 지 오래이기 때문이지요.

월출산 아래 구림마을에서 두 번째 잠을 잤습니다. 구림鳩林은 비둘기 숲이라는 뜻입니다. 이곳은 도선국사가 태어난 곳입니다. 도선국사의 모친이 처녀의 몸으로 잉태하여 아이를 낳자 부끄러워 아이를 숲에 버렸다고 합니다. 그런데 비둘기 떼가 아이를 보호하자 다시 아이를 데려다가 길렀다고 하지요.

구림마을 죽림정은 한 농가의 사랑채입니다. 현징玄徵이 주인인데 노론의 대표 김수항金壽恒이 이곳에서 유배생활을 하면서 그 이름과 기문을 지어 주었습니다. 죽림정 안에는 김수항과 그 아들들인 김창집金昌集, 김창협金昌協, 김창흡金昌翕, 김창업金昌業 등의 시문이 걸려 있습니다. 죽림정의 안채는 삼벽당三碧堂인데 삼벽은 현징의 아들 현약호玄若昊의 호입니다. 송시열宋時烈에게 글씨를 받아 현판을 걸었지요. 지금은 벽돌 양옥으로 바뀌었는데 현판은 그대로입니다. 서울로 돌아오는 길에 부안 채석강에서 일몰을 구경했습니다. 노을에 물든 붉은 수평선 아래로 해는 금방 떨어지고 말았습니다.

지난 30여 년 동안 전국의 많은 곳을 방문했습니다. 주로 문학과 역사적 인물에 관련된 정자, 서원, 묘소, 사찰, 고택 등이지요. 또한 해마다 매화, 동백, 산수유, 연꽃, 해당화가 피는 명소를 찾아다녔습니다.

이 책은 그동안 다녔던 곳의 일부를 소개한 것입니다. 고성 청간정, 강릉 허난설헌 생가, 남양주 정약용 여유당, 봉화 청암정, 영주 금성단, 안동 도산서원, 산청 단속사 정당매, 진주 촉석루, 부안 매창 묘지, 남원 광한루, 장성 박수량 백비, 담양 식영정, 순천 연자루, 영암 구림마을 죽림정, 제주 김정희 유배지 등입니다. 여기에 관련된 현판의 기문과 여러 시편 및 옛 문헌 속의 기록을 번역하여 소개했습니다. 이를 통해 옛 문화를 사랑하는 많은 이들이 간단한 안내판으로는 알 수 없는 고적의 여러 사연을 더 깊이 이해하기를 바랍니다.

정취재情趣齋에서 어옹漁翁

지도로 보는
우리 곁의
한시

1 청간정   유형문화재 제32호
산과 바다가 어우러진 관동팔경 가운데 한 곳.
조선시대에는 청간정에서 보이는 해변에 핀
해당화가 유명했다.

2 허난설헌 생가터   문화재자료 제59호
허난설헌 생가를 비롯해 허균, 허난설헌
기념관과 기념공원을 함께 둘러볼 수 있다.

3 다산 유적지
다산 정약용의 생가 여유당을 비롯해 다산의
묘와 다산문화관, 실학박물관 등이 있다.

4 청암정   명승 제60호
조선시대 문신 권벌이 기묘사화에 연루되어
유곡에 은거할 때 세운 정자.

5 금성단 압각수
금성대군을 제사 지내는 제단인 금성단
가까이에 있는 오래된 은행나무.

6 도산서원   문화재자료 제3호
퇴계 이황이 안동에 내려와 학문을 연구하고
제자를 양성한 서원.

7 단속사 정당매
고려시대 정당문학을 지낸 강회백이 벼슬에
나가기 전 단속사에서 지낼 때 심은 매화나무.

8 촉석루   문화재자료 제8호
남강 바위 벼랑 위에 자리한 영남 제일의
아름다운 누각.

9 매창 묘지
시조와 한시를 짓는 데 뛰어나고 노래와 금
연주도 빼어났던 부안의 명기 이매창의 묘.

10 광한루   보물 제281호
조선시대에 세워진 호남에서 가장 큰 누대.
문과 벽이 없이 사방을 바라볼 수 있게 높이
지어졌다.

11 장성 박수량 백비   시도기념물 제198호
청빈하게 산 박수량의 묘 앞에 서 있는, 글이
쓰여 있지 않은 비석.

12 식영정   명승 제57호
조선 명종 때 서하당 김성원이 그의 장인
석천 임억령을 위해 지은 정자. 이곳에서
송강 정철이 성산별곡을 지었다.

13 연자루
순천의 역사를 상징하는 고려시대의 고적.
1970년대에 옛 모습 그대로 복원되었다.

14 죽림정
죽림 현징이 벼슬을 버리고 영암으로 내려와
지은 조선시대 정자.

15 탐라의 잠녀
탐라는 제주도의 옛 이름. 잠녀는 바닷속에
들어가 굴, 미역, 전복 등을 따는 일을 하는 여자.

16 김정희 유배지   사적 제487호
제주도에서 추사 김정희가 1840년 9월부터
1848년 12월까지 9년간 유배생활을 했던 곳.

명사십리에
해당화 붉고

고성 청간정淸澗亭에서 푸른 바다에 무수히 나는 갈매기 떼를 바라봅니다. 청간정은 본래 고성군 간성杆城에 있던 것인데 근래 간성과 고성이 합쳐져서 지명이 고성으로 통일되었습니다. 조선 때의 기록에는 모두 간성의 청간정이라고 했지요.

옛날의 청간정은 불에 타 버린 지 오래되었고 지금의 건물은 1980년대에 옛 돌기둥을 옮겨 와서 새로 지은 것입니다. 청간정 현판은 이승만 대통령이 쓴 것입니다. "산악과 바다가 서로 조화로운 옛 누대에 오르니, 과연 관동의 수려한 경치이네[嶽海相調古樓上 果是關東秀逸景]"라고 쓰인 또 다른 현판은 최규하 대통령의 것이지요. 기록으로 전하는 조선시대의 수많은 현판은 흔적도 없습니다.

청간정의 옛 모습은 단원檀園 김홍도金弘道와 겸재謙齋 정선鄭敾의 그림에 남아 있습니다.

한밤중 파도 소리
   나그네 잠자리에
   울리고

청간정은 바다에 가까워서 큰 파도가 소란하게 마당을 치면 소리가 몹시 웅장해 꿈과 잠을 이루지 못한다. 당나라 사람의 시에 "조수 소리가 처음 온 객을 몹시 놀라게 하네[潮聲偏懼初來客]"라고 했는데 과연 그렇다. 청간정 기둥 사이에 비껴 쓴 스무 글자가 있는데 곧 노소재盧蘇齋가 유람객이었을 때 쓴 것이다. 후대 사람이 판각을 했는데 그 세월을 살펴보니 소옹蘇翁이 23세 때 쓴 것이다. 이른바 명사鳴沙라는 것은 밟으면 사각사각 아주 맑은 소리가 난다. 관동 수백 리가 대개 그렇지 않음이 없다. 해당화가 그 위에 줄을 지어 자라는데 담요를 펼쳐 놓은 듯하고, 비단 장막 같기도 한데 가을에 열매가 맺으면 금앵자金櫻子와 같다.

신익성申翊聖, 1588-1644 〈금강산을 유람한 짧은 기록[遊金剛小記]〉, 《낙전당집樂全堂集》

신익성은 영의정 신흠申欽의 아들이고, 선조의 사위입니다. 금강산 유람을 하면서 기행문을 썼는데 청간정에서 하룻밤을 머물렀던 모양입니다. 노소재는 소재 노수신盧守愼입니다. 영의정을 지낸 노수신도 젊은 시절에 이 청간정을 찾았던 것입니다.

청간정은 금강산을 가는 길목에 있어서 금강산을 찾는 사람은 반드시 들러 가는 명소였습니다. 그래서 여러 기행문에서 언급되고 전하는 시편들도 백여 수가 넘습니다.

글에서 말한 당나라 사람의 시는 경위耿湋가 지은 〈강남에 유람 가는 벗을 전송하다[送友人游江南]〉입니다.

바위 머리는 손발처럼 굽었고 갈매기 많은데	巖頭拳足沙鷗百
구름 너머엔 바람을 탄 시골 배가 한 쌍이네	雲外揚颺野艇雙
한밤중 파도 소리 나그네 잠자리에 울리고	半夜波濤喧客枕
꿈은 비바람 되어 봄 창으로 들어가네	夢成風雨入春窓

임억령林億齡, 1496-1568   〈청간정 객야淸澗亭客夜〉, 《석천시집石川詩集》

임억령은 강원도관찰사를 지냈습니다. 그래서 관동關東(강원도)의 이름난 곳을 노래하는 시를 많이 남겼습니다.

보슬비 내리는 난간 앞 사람은 홀로 앉았고	小雨軒前人坐獨
미풍 부는 물가 위 새는 쌍으로 나네	斜風渚上鳥飛雙
나그네 회포 여기 이르러 특히 무료한데	羈懷到此殊無賴

청간정 현판은 이승만 대통령이
쓴 것입니다. 또 관동의 수려한
경치를 노래한 다른 현판은
최규하 대통령의 것이지요.

파도 소리가 밤 창을 흔들까 두렵네   怕有濤聲撼夜窓

심수경沈守慶. 1516-1599　〈간성 청간청에 적다[題杆城淸澗亭]〉,《청천당시집聽天堂詩集》

심수경은 대사헌과 우의정을 지낸 고관이었습니다. 글씨와 시에도 일가견이 있었지요. 청간정의 경치 가운데 푸른 바다의 갈매기 떼와 누대를 흔드는 우렁찬 파도 소리가 가장 인상적이었나 봅니다. 어느 시인이나 이것을 언급하고 있습니다.

밟으면 소리가 나는 백사장, 명사십리

이날 또 명사를 밟고 지나갔다. 일찍이 서해를 보았는데 해변이 모두 펄이어서 질퍽거리며 빠진다. 동해는 모두 하얀 모래와 맑은 파도뿐이다. 또 그 하얀 모래는 지나가는 말이 밟으면 말발굽 사이에서 소리가 난다. 자박자박 서로 부딪치는데 눈을 밟는 소리와 같고, 혹은 새들이 서로 화답하는 노래 같기도 하다. 그래서 모래가 운다는 명사라고 하는 것이다. 또 해당화가 길을 끼고 숲을 이루고 있는데 열매를 맺어 이미 익었는데 또 꽃이 피어 있는 것도 있다. 옛사람이 이른바 "명사십리에 해당화 붉고[鳴

沙十里海棠紅"라고 한 것이 이것이다.

윤휴 尹鑴, 1617-1680   〈풍악록楓岳錄〉,《백호전서白湖全書》

강원도에서 대관령 동쪽을 여행한 사람들은 글에서 공통적으로 명사십리 해당화를 이야기합니다. 명사십리는 밟으면 소리가 나는 백사장이 끝없이 이어지는 해변의 길인데 거기에 핀 붉은 해당화는 관동의 명물이었습니다.

고려의 승려 선탄禪坦은 곡성谷城 사람이다. (중략) 그의 시〈관동을 유람하다[遊嶺東]〉에 "명사십리 해당화 붉고, 갈매기는 쌍쌍이 보슬비 속에 나네[鳴沙十里海棠紅 白鷗兩兩飛疎雨]"라고 했다. 어떤 사람이 장차 관동을 유람하려 했는데 선탄의 이 시구를 듣고 "이미 빼어난 시구를 얻었구나!"라고 하고, 마침내 여행을 그만두었다고 한다.

이수광 李睟光, 1563-1628   〈방류旁流〉,《지봉유설芝峯類說》

앞에서 윤휴가 언급한 시구는 고려의 승려 선탄의 작품입니다. 선탄의 시구는 나중에 시조로 다시 지어졌습니다.

묻노니 저 선사야 관동 풍경 어떻더니

명사십리에 해당화 붉어 있고

먼 포구에 양양백구兩兩白鷗는 보슬비 속에 나네

양양백구는 둘씩 짝지어 나는 갈매기입니다. 선탄의 시구는 후대에 관동을 읊은 시에 영향을 많이 미쳤습니다.

해당화 핀 흰 모래 둑에	海棠花發白沙堤
붉은 꽃 어지럽고 말발굽 파묻히네	紅艶紛紛沒馬蹄
이때 다시 가는 육칠 리 길에	時復行間六七里
문득 가지 위에 자고새 우네	忽聞枝上鷓鴣啼

안축安軸, 1282-1348 〈해당海棠〉,《근재집謹齋集》

고려 말기 학자 안축의 시입니다. 그는 경기체가 가운데 〈관동별곡〉을 지었는데요. 그 〈관동별곡〉에서도 '명사로鳴沙路'를 얘기했습니다. 명사십리 해당화는 이미 고려시대부터 유명했던 것이지요.

시에서 언급한 자고새는 우리나라에는 없는 새입니다. 중국 남방에서 서식하는 새인데 '길이 험해서 갈 수 없다.'는 뜻으로 '행부득야가가 行不得也哥哥'라고 운다고 합니다. 그래서 자고새는 시에서 고향을 그리워하는 의미로 쓰이는 말이 되었습니다.

명사 일대는 해당화 핀 물가인데	鳴沙一帶海棠洲
늙은 수령은 게을러 놀러 가지 못하니 어찌하랴	老守其如懶出遊
담장 아래 몇 가지 꽃 색이 그것이니	墻下數枝花色是
갈매기 보슬비의 풍류는 멀리서 거느리려네	白鷗疏雨領風流

최립崔岦, 1539~1612   〈해당〉, 《간이집簡易集》

최립은 강릉부사를 지낸 적이 있습니다. 시문으로 유명했던 문인이지요. 이 시는 명사십리 해당화를 읊은 것인데 고려의 승려 선탄의 시구를 재치있게 이용했습니다.

관동 풍경이 어떠냐고 물으니	關東風景問何如
산승이 나에게 흐릿하다고 말하네	山僧向我說依俙
명사십리 해당화 너머엔	鳴沙十里棠花外
석양의 가랑비 속 해오라기 쌍으로 난다네	夕陽疎雨鷺雙飛

홍양호洪良浩, 1724~1802   〈관동關東〉, 《이계집耳溪集》

이 시 또한 선탄의 시와 비슷합니다. 갈매기가 해오라기로 바뀌었을 뿐입니다.

이름은 같지만
전혀 다른 꽃,
한국과 중국의 해당화

경기도 동쪽과 강원도 지방인 동협東峽은 일찍 서리가 내리기 때문에 9월
이면 추워서 붉은 잎과 황화黃花(국화)가 거의 모두 시들어 버린다. 바닷가
긴 제방에는 해당이 무리 지어 자라는데 하나하나 모래와 자갈 속에 뿌
리를 붙이고 잎은 초록이고 가지에는 가시가 많다. 높이는 한 척(약 30센티
미터)에 지나지 않고 덩굴은 무성해 대나무 울타리 같은데, 남북으로 십
리나 이어진다. 꽃은 옅은 붉은색이고 크기는 철쭉꽃만 하다. 온갖 꽃들
이 피지 않았을 때 이 꽃만이 홀로 아름다운데 바람에 까불리며 모래를
따라 밤낮을 보낸다.

모래 제방마다 다 있는 것은 아니고 우리나라에서는 서해의 장연長淵 바
닷가와 관북關北의 두만강豆滿江에 있으며, 동쪽이 또한 그곳과 같다. 옛
날 해당을 논했던 자가 매우 많은데 모두 향기가 없다고 했다. 북방의 종
류는 향기가 무성하고 강렬하고 서쪽과 동쪽의 종류는 적적寂寂하게 향
기가 없는데 취해 잠을 생각하는 모습은 두만강의 것에 미치지 못한다.
두만강의 것은 그 잎이 모두 일곱 장인데 소양少陽의 기氣를 얻어서 그런
것인가?

《군방보群芳譜》를 살펴보니 "해당은 네 종류가 있는데 남해南海의 것은

위쪽은 한국에서 해당화라고 부르는 매괴화이고,
아래쪽은 중국에서 해당화라고 부르는
서부해당입니다.

가지에 굴곡이 많고 가시가 있으며 꽃은 사계화四季花보다 약간 일찍 피고 관목으로 자라며 연지臙脂처럼 붉다. 나무가 작은 것은 첩경貼梗(해당의 한 종류)이다. 촉주蜀州와 창주昌州의 것은 유독 향기가 있다.”라고 했다. 지금 관동의 종류는 도리어 남해의 여파餘派라고 할 수 있고 두만강의 종류는 아마 촉중蜀中의 종류가 아니겠는가.

이유원李裕元. 1814-1888　〈동협해당기東峽海棠記〉,《가오고략嘉梧藁略》

동협은 관동을 말한 것입니다. 이 글은 관동의 명사십리 해당화를 명나라 왕상진王象晉의《군방보》에 나오는 해당화와 비교하고 있습니다. 이는 이유원이 한국 해당화가 중국 해당화와 전혀 다른 꽃이라는 것을 몰랐기 때문입니다. 이름은 같지만 한국과 중국에서 말하는 해당화는 서로 다른 꽃입니다. 조선 초에《양화소록養花小錄》을 쓴 강희안姜希顏을 비롯한 일부 인사들은 이런 사실을 이미 알고 있었습니다.

중원中原(중국)의 해당과 우리나라 해당은 이름은 같지만 종류는 다르다. 우리가 해당이라고 부르는 것은 곧 매괴玫瑰인데 중원에서 장미라고 부르는 종류이다. 나의 왕고王考(돌아가신 할아버지)께서 편찬한《청비록淸脾錄》과 정다산丁茶山(정약용)의《아언각비雅言覺非》에 이미 살펴볼 만한 변증辨證이 있다. “《화보花譜》를 살펴보니, 해당은 잎이 치자꽃[梔子花]과 같으나 작고, 꽃잎은 다섯 장이고 줄기는 희고 향기가 없다. 씨를 맺은 것을 잘라 버리면 내년에 꽃이 무성해진다. 해당은 향기가 없어서 예원진倪元鎭

예찬倪瓚(원나라 문인이자 화가)이 한스러워했는데 창주昌州의 해당은 홀로 향기가 있다.”라고 했다.

이것이 그 대략인데《광군방보廣群芳譜》와《군방보》등에 상세하게 나온다. 우리나라에는 본래 이 같은 종류가 없고 장미와 같은 한 종류가 있는데 해당이라고 칭한다. 그 모양을 상세히 살펴보면 곧 붉은 매괴이다. 여러 겹으로 된 천엽과 홑잎인 단엽과 바닷가에서 자라는 것이 있어서 모두 세 종류이다. 육지에서 자라는 것은 무리 지어 자라며 가지를 뽑아내는데 길이는 한 장(약 3미터) 남짓이고 가늘고 흰 가시가 많고, 줄기는 붉고, 잎은 둥글면서 작은데 천엽과 단엽이 같다. 사오월에 꽃을 피우고 짙은 홍색이고 향기가 있으며, 꽃이 지면 열매를 맺는데 작은 당리棠梨(팥배나무의 열매)와 같고 자랄 때는 푸른데 익으면 황적색이다. 어린아이들이 간혹 따서 먹는데 맛이 약간 시다.

바닷가 모래밭 안에서 자라는 것은 덩굴을 뻗은 것이 겨우 모래 밖으로 나오고 떨기를 이루고 무리 지어 모여 있다. 여름과 가을에 두 번 꽃을 피우고 맺은 열매는 육지에서 자라는 것과 같다. 열매의 크기는 엄지손가락 머리만 하고 익으면 홍황색인데 씨앗이 그 안에 가득하다. 맛은 매우 달고 신데 먹을 만하고 절여서 익히면 더욱 좋아서 과일 소반에 담아서 술안주로 할 수 있다. 흉년이면 바닷가 백성들은 열매를 따다가 옹기 안에 넣어 두고 찧고 삭혀서 배고픈 시기를 보내는데 동서남북의 바닷가에서 모두 같다.

꽃은 흰 모래밭에 펴져서 완전히 비단을 펼쳐 놓은 듯해 한 경치를 돕는다. 그래서 "명사십리에 해당화 붉고"라는 시구가 있는 것이다. 우리나라에서 이른바 해당이라는 것은 중원의 해당과 이름만 같고 실물은 들어맞지 않지만 본래 바닷가에서 자라며 그 열매는 해당과 같다. 해당이라는 이름은 그 열매 때문에 붙인 것이고, 또한 바닷가에서 자라므로 옛사람이 해당이라고 이름을 부여한 것은 석류 중에 신라에서 생산되는 것을 해석류海石榴라고 이름 붙인 것과 한가지이다.

《화한삼재도회和漢三才圖會》에 "매괴화를 살펴보니 장미의 종류이고 가시가 많고 4월에 꽃이 피며, 단엽에는 흰색과 자색이 있는데 모두 꽃이 매우 크다. 또 적색과 자색의 천엽이 있는데 그 꽃은 약간 작으면서 향기가 있다."라고 했다. 이것이 어찌 우리나라의 해당이 아니겠는가?《화보》에 조선 해당화 한 종류의 명목名目을 별도로 세우는 것이 또한 무슨 방해가 되겠는가? 이것이《본초강목本草綱目》대황大黃 하下에서 양제채羊蹄菜(소리쟁이)를 양제대황羊蹄大黃이라고 한 것과 어찌 다르겠는가? 또한《청삼통淸三通》모란牡丹 하下에서 우리나라에서 생산되는 만모란蔓牡丹을 고려모란高麗牡丹이라고 한 것과 같지 않겠는가?

이규경李圭景, 1788-1856　〈해당과 매괴 변증설[海棠玫瑰辨證說]〉

　이규경이 해당화와 매괴화를 구별하여 증명한 것은 그만큼 오랜 세월 동안 지식인들 사이에서 두 꽃에 대한 논란이 끊이질 않았기 때문입니다.

　중국 해당화는 네 종류인데 모과해당, 첩경해당, 서부해당, 수사해당이 그것입니다. 모과해당은 모과나무 꽃이고, 첩경해당은 명자나무 꽃입니다. 서부해당과 수사해당은 꽃은 비슷한데 수사해당은 꽃자루가 길어서 꽃이 아래로 늘어져 매달려서 핍니다. 중국인들이 일반적으로 해당이라고 하는 것은 주로 이 두 종류이지요.

해당화가 잠이 깊어 피곤하게 늘어지니	海棠眠重困欹垂
양귀비가 술에 취했을 때와 같네	恰似楊妃被酒時
다행히 꾀꼬리가 울어 잠을 깨니	賴有黃鶯呼破夢
다시 미소 지으며 교태를 부리네	更含微笑帶嬌癡

이규보李奎報, 1168-1241　〈해당〉, 《동국이상국집東國李相國集》

이규보의 시인데 양귀비楊貴妃의 이야기를 끌어 왔습니다. 당나라 현종玄宗이 양귀비를 불렀는데 마침 양귀비는 술에 취해 몸을 가누지 못했습니다. 시녀들에게 부축을 받고 온 양귀비를 보고 현종이 말하기를 "어찌 귀비가 취한 것이던가? 해당화가 잠이 부족할 뿐이다."라고 했답니다. 이로 인해 해당화는 술에 취한 양귀비를 상징하게 되었지요.

이규보는 매괴화인 우리 해당화를 보면서 다른 꽃인 중국 해당화의 고사故事를 사용한 것이지요.

북쪽 변방은 춥고 바람이 많아서 봄에 꽃이 없다. 오직 두견화杜鵑花(진달래)만 종종 산언덕에 의지하는데 높이는 한 척에 불과하고 여름 중반까지 핀다. 내가 두만강을 유람할 때 해당화가 모래자갈 땅에 무리 지어 자라고 있었다. 초록 잎과 가시 돋은 가지, 꽃은 짙은 적색이고 크기는 작약만 하고 향기가 자욱하고 강렬해 사람을 쏜다. 중국인은 해당화는 향기가 없다고 말하는데 남쪽과 북쪽의 다른 성질 때문이던가? 대개 북쪽은 음기가 쌓이는 지방이다.

온갖 꽃들이 피지 않는데 유독 이 꽃만이 화사하게 아름답고 자욱하게 향기롭고 색은 바른 적색이고 잎은 모두 일곱 닢이고 소양少陽의 기운을 얻었다. 모래밭에 뿌리를 맡기는 것은 그 성질이 결백하기 때문이다. 토양을 편히 여기고 옮겨 가지 않는 것은 그 덕이 곧은 것이다. 바람에 꺾이지 않고 눈에 시들지 않는 것은 그 절개가 군센 것이다. 옛사람은 국화를 은자에 비유했고, 연꽃을 군자에 비유했다. 이 해당화는 아마 꽃 중의 곧은 선비[貞士]가 아니겠는가?

그러나 후미지고 으슥한 황량한 변방의 터와 먼 사막의 물가에서 자라기 때문에 현인과 재사才士가 감상할 수 없다. 소와 양이 차고 밟고 나무꾼과 어부가 자르고 부러뜨린다. 강을 따라가는 자들은 모두 군복 입은 병사들인데 매일 흘겨보며 돌아보지 않는다. 아! 어찌 불우하지 않겠는가? 다만 불우하지만 변하지 않은 것은 곧 품성이 곧기 때문이다.

홍양호 〈두만강해당기豆滿江海棠記〉, 《이계집》

동해의 명사십리 해당화는 두만강까지 퍼져 나갔던 것 같습니다. 멀리 떨어진 지역의 후미지고 으슥한 황량한 땅과 사막에서 피어나서 남들이 돌아보지도 않았지요. 그러나 해당화는 불우한 처지에서도 절개를 잃지 않고 굳건하게 피어납니다. 이런 꽃을 곧은 선비라고 부르지 않을 수가 있겠습니까?

근래 고성에는 해당화 공원을 만들어 놓았습니다. 그 옛날 명사십리 해당화의 명성을 잇고자 한 것이지요. 청간정에서 금강산으로 가는 길이 어서 다시 뚫려서 명사십리 해당화 길을 걸어 볼 날이 왔으면 좋겠습니다.

부용꽃
스물일곱 송이
붉게 떨어지고

강원도
강릉시 초당마을
허난설헌
생가터

강릉에는 역사에서 기억하는 여성이 두 사람 있습니다. 신사임당申師任堂, 1504-1551과 허난설헌許蘭雪軒, 1563-1589입니다. 두 사람은 살았던 시대도 거의 비슷합니다. 그러나 그 인생은 너무 달랐지요. 한 사람은 화가로서 조선 미술사에서 이야기되고, 또한 위대한 유학자이자 정치가 아들을 키워 낸 현모양처의 본보기가 되었습니다. 또 한 사람은 조선 최고의 여성 시인으로 평가받는데 그 생애는 너무나 고달팠습니다. 결혼 생활이 평탄하지 못했고 살아 있는 동안 딸과 아들을 저세상에 먼저 보냈으며 본인도 불과 27세의 젊은 나이에 죽었습니다.

오랜만에 강릉 나들이를 했습니다. 오늘은 오죽헌이 아닌 초당마을로 향합니다. 두부를 먹으려고 초당마을에 온 것은 아니지만 어쩔 수 없이 두부를 먹지 않을 수 없습니다. 처음 이곳에 왔을 때는 두부 파는 집이 두 곳 있었는데 지금은 마을이 온통 두부 거리가 되었습니다. 바닷물을 사용해 만드는 초당두부는 맛이 좋아 서울까지 이름이 나서 어느덧 강릉을 대표하는 식품이 되었습니다. 맞는 얘기인지는 모르겠지만 초당두부가 난설헌 집안에서 대대로 만들어 온 음식이라는 주장도 있습니다.

초당草堂은 난설헌의 부친 허엽許曄의 호입니다. 본래 마을 이름이 초당이어서 호를 초당으로 삼은 것인지, 아니면 허엽의 호가 초당이어서 마을 이름을 초당으로 부른 것인지 그 또한 궁금합니다.

　원앙새 짝 이어
　날아가는 것을
　부럽게 본다오

초당마을에 난설헌의 생가가 있습니다. 한동안 다른 성씨 사람이 갖고 있다가 강릉시에서 매입해 문화재로 만들었지요. 조그만 골목길 20여 그루의 매화 밭 앞에 있던 시골 기와집은 온데간데없이 큰 저택이 새로 생겼고, 그 앞 넓은 잔디밭에는 난설헌의 동상이 햇살 아래 눈부십니다. 겹잎의 붉은 벚나무들이 꽃비를 날리고 있습니다.

초당마을에 난설헌의 생가가 있습니다. 주변에 난설헌 집안의 시비를
세워 놓았는데 모두 다섯 개입니다. 왼쪽부터 부친 허엽, 이복 오빠 허성許筬,
친오빠 허봉許篈, 남동생 허균許筠과 난설헌의 시비입니다.

집은 강릉 돌 쌓인 물가에 있는데	家住江陵積石磯
문 앞 흐르는 물에 비단옷 빨지요	門前流水浣羅衣
아침엔 한가히 목란배를 매어 놓고	朝來閑繫木蘭棹
원앙새 짝 지어 날아가는 것을 부럽게 본다오	貪觀鴛鴦相伴飛

허초희許楚姬　〈죽지사竹枝詞〉, 《난설헌시집蘭雪軒詩集》

난설헌의 이름은 초희楚姬이고, 자는 경번景樊이라 합니다. 최경창崔
慶昌, 백광훈白光勳과 함께 삼당시인三唐詩人으로 유명한 이달李達에게서
동생 허균과 더불어 시를 배웠습니다. 스승의 시풍이 당시唐詩를 추구
했기 때문에 난설헌도 다분히 그 영향을 받았습니다.

〈죽지사〉는 당나라 유우석劉禹錫이 처음 개발한 시 형식인데 칠언절
구에 지방의 풍속이나 남녀의 애정을 다루는 내용이 많습니다. 아침
부터 물가에 목란배를 매어 놓고 다정히 짝지어 날아가는 원앙새를 부
럽게 바라보는 여인에게는 무슨 사연이 있는 것일까요?

　나의 벗 허미숙許美叔(허봉)은 세상에 드문 뛰어난 재능을 지녔는데 불행
히 일찍 죽었다. 나는 그가 남긴 글을 보고 무릎을 치며 감탄하며 칭송하
지 않음이 없었다. 하루는 미숙의 아우 단보端甫(허균)가 그의 죽은 누이
가 지은 《난설헌고蘭雪軒藁》를 가지고 와서 보여 주었다. 나는 놀라서 "기
이하구나! 부인의 말이 아니다. 어찌 허씨의 집안에는 뛰어난 재주가 많
은가?"라고 했다. 나는 시학詩學에 대해 무지하다. 잠시 그 본 바로 평가

한다면 말을 세우고 뜻을 지은 것은 공중의 꽃과 물에 비친 달처럼 투명하고 영롱해 붙잡아서 구경할 수 없고, 쨍그랑 울리는 형옥珩玉과 황옥璜玉이 서로 부딪치는 것 같다. 높이 솟아남은 숭산嵩山과 화산華山이 수려함을 다투는 듯하다. 가을 연꽃이 물에 씻긴 듯하고, 봄 구름이 허공에 자욱이 낀 듯하다. 높은 곳은 한위漢魏를 뛰어넘었고, 그 나머지는 성당盛唐을 본받았다. 그 사물에 감동해 회포를 일으키고, 시대를 근심하고 풍속을 고민한 것은 종종 열사의 기풍이 있고, 한 점 세간의 비린내가 없다. 〈백주柏舟〉와 〈동정東征〉이 앞에서 오로지 아름다움을 독점할 수 없다. 나는 단보에게 말하기를 "돌아가서 수습해 잘 보관해 일가一家의 말로 비치하고, 전해짐이 없도록 하지 않게 하는 것이 옳을 것이오."라고 했다. 만력萬曆(중국 명나라 신종 때의 연호) 경인년1590, 선조 23 중동仲冬에 서애西厓가 한양의 우사寓舍에서 쓰다.

유성룡柳成龍, 1542-1607　〈발난설헌집跋蘭雪軒集〉,《서애집西厓集》

난설헌이 죽은 지 1년이 지나고 남동생 허균이 난설헌의 시를 유성룡에게 보여 주고 책 끝에 실을 발문을 부탁했습니다. 앞의 글은 유성룡이 그 발문을 쓴 것입니다. 난설헌의 수준 높은 작품은 한漢나라, 위魏나라를 뛰어넘었고, 나머지도 당나라 시가 가장 융성했던 성당의 수준이라는 것은 최고의 칭찬이 아닐 수 없습니다.

〈백주〉는《시경》의 편명인데 남편에게 버림받은 부인을 측백나무 배에 비유한 내용입니다. 〈동정〉은 후한後漢의 여성 문인 반소班昭가 지은 〈동정부東征賦〉를 말합니다. 유성룡은 난설헌의 시가 이들 작품에 버금간다고 말한 것입니다.

> 지금 허씨의 《난설재집蘭雪齋集》을 보니 표표히 세속의 밖으로 초월하고, 수려하면서 화려하지 않고, 공허하면서도 뼈가 있다. 〈유선遊仙〉 여러 작품은 본인을 말한 것이다. 그 본질을 상상해 보면 곧 쌍성雙成과 비경飛瓊의 아류인데 우연히 바닷가 나라로 귀양 와서 봉호蓬壺와 요도瑤島와의 거리가 불과 의대수衣帶水(의복의 띠처럼 좁은 강물로 가까운 거리를 말함)로 격해 있다.
>
> 옥루玉樓가 한 번 완성되자 곧 난서鸞書(난새를 통해 보내는 편지, 천제의 편지)로 불렸다. 짧은 문장과 남은 글씨가 모두 주옥을 이루었는데 인간 세상에 떨어져서 오묘한 감상을 영원히 빛냈다. 또한 아마 숙진叔眞과 이안易安 무리가 슬프게 읊고 골똘히 사색해 그 불평스러운 마음을 베낀 것은 모두 아녀자의 기쁨과 고민뿐이 아니겠는가? (중략) 만력 병오년1606 늦여름 20일에 주지번朱之蕃이 벽제관碧蹄館 안에서 쓰다.

주지번 ?-1624 〈난설재시집소인蘭雪齋詩集小引〉

중국 사신 주지번이 난설헌의 시집 앞에 쓴 서문입니다. 주지번이 조선에 왔을 때 허균은 그를 대접하는 종사관이었습니다. 그런 인연으로 시문과 서화에 뛰어난 주지번에게 난설헌의 시집을 보여 주고 서문을 받은 것이지요. 주지번은 난설헌의 시집 원고를 중국으로 가져가서 책으로 펴냈습니다. 그래서 난설헌은 중국 지식인들에게 널리 알려졌고, 나중에 일본에서도 그녀의 시집이 간행되었습니다.

유선遊仙은 신선이 사는 선계를 노닌다는 뜻입니다. 난설헌이 지은 〈유선사遊仙詞〉는 수십 수인데 모두 그런 내용을 담은 시입니다. 쌍성과 비경은 모두 서왕모西王母의 시녀였다는 선녀 동쌍성董雙成과 허비경許飛瓊입니다. 주지번은 난설헌이 본래 이들과 같은 선녀인데 바닷가 나라로 귀양 왔다고 했습니다.

옥루는 백옥루白玉樓입니다. 당나라 이상은李商隱의 〈이하소전李賀小傳〉에 천제天帝가 백옥루를 지어 놓고 그 기문을 쓰게 하기 위해 사자를 파견해 이하李賀를 데려갔다고 나옵니다. 그래서 천재 시인 이하가 죽었다는 것인데 그때 그의 나이 27세였습니다. 주지번은 난설헌이 27세에 죽은 것을 이하처럼 백옥루의 기문을 쓰기 위해 하늘나라로 불려갔다고 한 것입니다.

숙진과 이안은 송나라 주숙진朱叔眞과 이안거사易安居士 이청조李淸照입니다. 이들은 송나라 최고의 여성 시인이었습니다. 그런데 주지번은 이들의 시는 난설헌에 비하면 아녀자의 기쁨과 고민일 뿐이라고 했습니다.

난설헌은 어찌하여
신선 세계를
동경했을까?

천년의 요지에서 목왕을 이별하고　　　　　　千載瑤池別穆王

잠시 청조 시켜 유랑을 방문하네　　　　　　暫敎靑鳥訪劉郎

새벽에 상계에서 생황 피리 소리 돌아오고　　平明上界笙簫返

시녀들은 모두 하얀 봉황을 타고 있네　　　　侍女皆騎白鳳凰

경동의 주담에 구룡을 모아 두고　　　　　　瓊洞珠潭貯九龍

채색 구름 차고 습하고 푸른 부용이 있네　　彩雲寒濕碧芙蓉

난새 탄 사자는 서쪽 귀로에 있는데　　　　乘鸞使者西歸路

꽃 앞에 멈춰서 적송자에게 예를 올리네　　立在花前禮赤松

잔치 끝난 서단에 별들 드물고　　　　　　宴罷西壇星斗稀

적룡은 남쪽으로 가고 학은 동쪽으로 날아가네　赤龍南去鶴東飛

단방의 옥녀는 봄잠에 빠져서　　　　　　丹房玉女春眠重

붉은 난간에 기대고 날 새도 돌아가지 않네　斜倚紅闌曉未歸

광한궁전은 옥으로 대들보를 삼았고　　　　廣寒宮殿玉爲梁

은촉과 금병풍 친 밤이 진정 기네   銀燭金屛夜正長

난간 밖 계수 꽃엔 찬 이슬 촉촉하고   欄外桂花涼露濕

붉은 피리 소리 속에 오색구름 향기롭네   紫簫聲裏五雲香

복비는 한가히 적상포를 짓는데   宓妃閑製赤霜袍

하얀 손으로 옥 가위를 자주 돌리네   素手頻回玉翦刀

눈썹엔 졸음 흔적 어리고 꽃 그림자 정오인데   眉鎖睡痕花影午

자황이 푸른 포도를 내려 주라고 시키네   紫皇令賜碧葡萄

허초희 〈유선사〉,《난설헌시집》

수십 수의 〈유선사〉 중 몇 수입니다. 신선 세계의 일상이 눈에 선합
니다. 난설헌은 어찌해 신선 세계를 동경했을까요? 본래 선녀이기 때
문에 인간 세상이 싫었던 것일까요?

난새 타고 밤에 봉래도에 내리니   乘鸞夜下蓬萊島

한가히 구르는 기린 수레는 요초를 밟네   閑輾麟車踏瑤草

해풍이 불어 벽도화를 꺾고   海風吹折碧桃花

옥반에 안기생의 대추를 가득 따네   玉盤滿摘安期棗

구하군폭과 육수의를 걸치고   九霞裙幅六銖衣

학 등에 맑은 바람 불고 자부로 돌아가네   鶴背冷風紫府歸

요해엔 달 밝고 은하수 떨어지는데 　　　　　瑤海月明星漢落

옥피리 소리 속에 상서로운 구름 날리네 　　　玉簫聲裏靄雲飛

허초희 〈보허사步虛詞〉,《난설헌시집》

이 〈보허사〉 또한 〈유선사〉와 내용이 같습니다. 안기생은 신선 이름
인데 그는 신비한 대추를 먹고 불로장생했다고 합니다. 구하군폭九霞裙
幅과 육수의六銖衣는 놀빛 치마와 가벼운 옷인데 모두 선녀의 의상입
니다.

을유년 봄에 나는 상을 당해 외삼촌 댁에서 임시로 머물고 있었다. 밤에
꿈속에서 바다 위의 산에 올랐다. 산은 모두 아름다운 옥돌이고 여러 봉
우리가 모두 겹쳐 있었다. 흰 벽옥璧玉과 푸른 구슬이 반짝거려서 눈이 현
란해 시선을 고정할 수 없었다. 상서로운 구름이 그 위를 덮고 있어서 오
색이 아름다웠다. 옥 같은 폭포 줄기가 벼랑 바위 사이에서 쏟아져서 콸
콸 패옥佩玉 부딪는 소리를 내었다.

두 여자가 있었는데 나이는 모두 스무 살가량이고 얼굴은 모두 아름다
웠다. 한 사람은 붉은 놀빛 저고리를 걸쳤고 또 한 사람은 푸른 무지갯
빛 옷을 입고 있었는데 손에는 모두 금색 호로병을 들고 있었다. 발걸음
을 가볍게 딛고 와서 나에게 인사했다. 개울 굽이로 올라가니 기이한 초
목과 꽃들이 늘어서서 자라는데 이름을 알 수 없었다. 난새와 학과 공작
과 물총새가 좌우에서 날며 춤췄다. 숲 끝에서는 여러 가지 향기가 자

욱했다.

마침내 산꼭대기에 올라가니 동남쪽의 큰 바다가 하늘과 맞닿아 한 푸름을 이루었고 붉은 해가 막 떠올라 파도가 햇무리를 씻어 냈다. 봉우리 머리에는 큰 연못이 있어서 맑고 깊었다. 연꽃의 색은 푸르고 잎은 큰 이불만 했는데 서리에 반쯤 시들었다. 두 여자가 말하기를 "이곳은 광상산廣桑山입니다. 십주十洲 중에 제일입니다. 그대는 신선의 인연이 있기 때문에 감히 이 지경에 오게 된 것인데 어찌 시를 지어 기록하지 않습니까?"라고 했다.

나는 사양할 수가 없어서 즉시 절구 한 수를 읊었다. 두 여자가 손뼉을 치며 즐겁게 웃으며 말하기를 "글자마다 신선의 말입니다."라고 했다. 갑자기 한 덩이 붉은 구름이 하늘에서 아래로 떨어져서 봉우리 꼭대기를 감싸고 북 치는 소리가 울렸다. 문득 꿈에서 깨어났는데 잠자리에는 여전히 연하煙霞의 기운이 있었다. 태백太白이 천모산天姥山의 유람에서 여기에 도달할 수 있었는지 알 수 없다. 이를 기록해 놓는다. 시는 다음과 같다.

푸른 바다는 요해에 닿고	碧海侵瑤海
푸른 난새는 채색 난새에 기대었네	靑鸞倚彩鸞
부용꽃 스물일곱 송이	芙蓉三九朶
붉게 떨어지고 달빛 서리 차갑네	紅墮月霜寒

허초희 〈꿈속에서 광상산을 노닌 시와 서문[夢遊廣桑山詩序]〉, 《난설헌시집》

광상산은 동해에 있다는 신선 세계입니다.

허균은 "누님은 기축년 봄에 세상을 떠났다. 이때 나이가 스물일곱이었다. 그 스물일곱과 붉게 떨어진다는 말은 곧 징조였다."라고 했습니다.

허균은 또《학산초담鶴山樵談》에서 "누님의 시문은 모두 천성에서 나온 것들이다. 유선시를 즐겨 지었는데 시어가 모두 맑고 깨끗해, 음식을 익혀 먹는 속인으로는 미칠 수가 없다. 문文도 우뚝하고 기이한데 사륙문四六文이 가장 좋다. 〈백옥루상량문白玉樓上樑文〉이 세상에 전한다. 허봉이 일찍이 '경번의 재주는 배워서 그렇게 될 수가 없다. 모두가 이태백李太白과 이장길李長吉의 유음遺音이다.'라고 한 적이 있다. 아, 살아서는 부부 금실이 좋지 못했고, 죽어서는 제사를 받들 자식이 없으니 옥이 깨진 원통함이 한이 없다."라고 했습니다.

이태백은 이백李白이고 이장길은 이하입니다. 이들은 당나라의 두 천재 시인으로 꼽힙니다.

주지번은 난설헌의 시집 원고를 중국으로 가져가서
책으로 펴냈습니다. 난설헌은 중국 지식인들에게
널리 알려졌고, 나중에 일본에서도 그녀의 시집이
간행되었습니다.

표절과 이름을
둘러싼 논란

난설헌의 시는 많은 사람들에게 칭송받았습니다. 그러나 모든 사람이 그녀에게 호의적인 것은 아니었지요. 난설헌은 작품을 표절했다고 의심받기도 했습니다.

저작랑著作郎 김성립金誠立의 처는 허균의 누님이다. 문장에 능했는데 일찍 죽었다. 허균이 남긴 원고를 모아서 명칭을 《난설헌집》이라 했다. 중국인에게 발문을 받아서 그 전함을 사치스럽게 했는데 어떤 사람이 그중 많은 것이 남의 작품을 표절했다고 했다. 그러나 나는 참으로 믿지 않았다. 내가 종성鍾城에 귀양 갔을 때 《명시고취明詩鼓吹》를 얻었다. 허씨의 시집 가운데 "요금은 눈을 털고 봄 구름 따뜻한데, 환패에 울리는 바람 소리 밤 달이 차갑네[瑤琴振雪春雲暖 環佩鳴風夜月寒]"라는 율시의 8구는 《명시고취》에 실려 있다. 곧 영락永樂 때의 시인 오세충吳世忠의 작품이다. 나는 이에 비로소 어떤 사람의 말을 믿게 되었다. 아! 중국 사람의 작품을 가져다가 중국 사람의 눈을 속이려고 했으니, 남의 물건을 도둑질해 다시 그 주인에게 팔려고 한 것과 어찌 다르겠는가?

김시양金時讓, 1581-1643 《부계기문涪溪記聞》

《난설헌집》에 중국 시인의 작품이 그대로 들어 있었던 것입니다. 이것이 일부러 그러한 것인지 단순한 실수인지는 알 수 없습니다.

> 난설헌 허씨는 규원閨媛 중에 제일이니, 중국 사람들이 앞을 다투어서 그녀의 문집을 사 갔다. 홍경신洪慶臣과 허적許頔은 모두 말하기를, "난설헌의 시는 두세 편 외에는 모두 다른 사람의 작품이다. 〈백옥루상량문〉도 허균이 지은 것이다."라고 했는데, 가소로운 일이다.
>
> 이유원 〈동인논시東人論詩〉, 《임하필기林下筆記》

홍경신과 허적이 난설헌이 다른 사람의 글을 표절했음을 목소리 크게 외쳤던 모양입니다. 한편 난설헌은 본이름 외에 부르는 이름인 자字로 알려진 경번이 당나라 시인 번천樊川 두목杜牧을 우러러 사모하는 뜻이라고 해 비난받기도 했습니다.

> 세상에서 허초당許草堂[이름은 엽曄]의 딸 난설헌은 저작랑 김성립의 부인이라 한다. 약간 재능을 지니고 시에 능했는데 《난설헌집》 1권이 세상에 간행되었다. 그 서문은 명나라 사신 난우蘭嵎 주지번이 지었다. 곧 중원으로 들어가서 나라 안에 두루 전해졌다. 허씨는 남편에게서 사랑을 잃었기 때문에 "인간 세상에서 김성립과 이별하고, 지하에서 영원히 두목지를 따르리라[人間願別金誠立 地下長隨杜牧之]"라고 시를 짓고, 이어서 호를 경번당景樊堂이라고 했다. 대개 번천樊川을 사모하여 우러러본다는 뜻을 붙인

것이다.

우산虞山 전겸익錢謙益의《열조시선列朝詩選》, 어양漁洋 왕사정王士禎의《별재집別裁集》, 죽타竹坨 주이준朱彝尊의《명시종明詩綜》과《정지거시화靜志居詩話》, 서당西堂 우동尤侗의《서당잡조西堂雜俎》등의 책에는 모두 허씨가 경번당이라고 인정하고 있다. 그래서 천하에서 모두 허씨를 경번당이라고 여기는데 허씨에게 있어서는 치욕을 씻어 내기가 어렵다. 우리나라 선현先賢들이 그것이 그렇지 않다고 변론해 씻어 낸 것이 많다.

강산薑山 이서구李書九의《강산필치薑山筆豸》에서 그것을 변론하기를 "허씨에게는 실로 이런 일이 없다. 서로 전한 것이 견강부회해 잘못 이런 이름을 받게 된 것이다."라고 했다. 나의 왕고의《천애지기서天涯知己書》에 "담헌湛軒 홍대용洪大容이 연경燕京에 들어갔을 때 전당錢塘 추루 반정균潘庭筠이 우리나라 경번당에 관해 질문했는데 담헌이 '지하에서 영원히 두목지를 따르리라.'는 구를 인용했다."라고 했다. 나의 조부 형암공炯庵公 (이덕무)이 변론하기를 "일찍이 들은 바에 따르면 경번은 자호가 아니다. 경솔한 사람들이 침해하고 조롱한 말이다. 담헌은 어찌 변론하지 못했던가? 난공蘭公(반정균)이 만약 시화詩話를 편찬한다면 담헌의 이 말을 실을 것인데 어찌 몹시 불행한 일이 아니겠는가?"라고 했다. 내가 살펴보니,《난설헌집》에〈아들을 곡하다[哭子]〉라는 시가 있는데 "작년엔 사랑하는 딸을 잃고, 금년엔 사랑하는 아들을 잃었네[去年喪愛女 今年喪愛子]"라고 했다. 남편의 사랑을 잃고 반목했다는 것은 사실이 아니다.

나는 일찍이 젊은 부녀자가 비록 남편에게서 사랑을 잃었다고 해도 어찌 다른 시대의 남자를 사모해 경번이라는 자호를 가질 수 있는지에 대해 의심하고 편안치 못한 지가 오래였다. 신돈복辛敦復의 《학산한언鶴山閑言》을 얻어 보니, "난설헌은 자호가 경번인데 세상 사람들은 두번천杜樊川을 경모했기 때문이라고 여긴다. 어찌 규방의 부녀자가 사모할 바이겠는가? 당나라 때 선녀 번고樊姑가 있는데 호는 운교부인雲翹夫人이다. 한漢나라 상우령上虞令 선군仙君 유강劉綱의 처이다. 신선의 격이 매우 높아서 여선女仙의 우두머리가 되었다. 그 전傳이 《열선록列仙錄》에 있다. 난설헌이 사모한 자는 바로 이 사람이어서 경번이라고 칭한 것이다."라고 했다.

되풀이해서 열람한 후에 무릎을 치며 통쾌하게 여겼다. 이것은 억울한 누명을 밝게 씻어 주는 방안案이 아니겠는가? 또한 그 문집도 허씨가 스스로 제작한 것이 아니다. 지금 그 실상을 순서대로 늘어놓는다.

지봉芝峯 이수광李晬光의 《유설類說》에 "허난설헌의 시는 근대 규수 가운데 제일이다. 그런데 참의參議 홍경신洪慶臣과 정랑正郞 허체許禘는 곧 허씨의 친밀한 친족들인데 일찍이 말하기를 '난설헌의 시는 한두 편 외에 모두 위작이다. 〈백옥루상량문〉 또한 그 아우 균과 사인詞人 이재영李再榮이 함께 지은 것이다.'고 했다."라고 했다. 신흠의 《상촌집象村集》에 "《난설헌집》 안에는 태반이 옛사람의 시문이다. 그 남동생 균이 세간에서 아직 보지 못한 시를 표절해 몰래 넣은 것이다."라고 했다. 전우산錢虞山의 소실小室 하동군河東君 유여시柳如是도 《난설헌집》에서 위작을 가려내어 드러냈으니, 그것이 난설헌의 작품이 아닌 것을 알 수 있다.

김성립의 후손 정언正言 김수신金秀臣의 집이 광주廣州에 있는데 누군가가 묻기를 "《난설헌집》은 간행된 본집 이외에 혹시 상자 속에 간직해 둔 비본祕本이 있습니까?"라고 하니, "난설헌이 손수 초록한 수십 엽葉이 있는데 그 시는 간행된 본과 크게 다릅니다."라고 했다. 또 말하기를 "지금 세상에 전하는 간행본은 본래 난설헌에게서 모두 나온 것이 아니고 곧 균의 가짜 본입니다."라고 했다. 그 후손의 말이 이와 같은데 상상건대 반드시 그 집안에서 대대로 전해 온 사실일 것이다. 지봉의 실제 기록과 상촌의 정론定論과 그 후손이 실제로 전한 말이 낱낱이 일치하니, 쌓인 의문이 곧 풀렸다. 나는 일찍이 《동관습유彤管拾遺》의 한 책을 편집했는데 우리나라 규방의 시를 모은 것이다. 모아서 《동관습유》를 지었는데 경번의 일은 실로 매우 상세하다. 그것을 함께 참고해 변별하는 것이 옳을 것이다.

이규경 〈경번당변증설景樊堂辨證說〉, 《오주연문장전산고五洲衍文長箋散稿》

조선 후기 실학자 이규경이 허난설헌의 자인 경번이 무엇을 뜻하는지, 또 허난설헌이 시를 표절했는지 논한 글입니다.

난설헌은 중국에서도 조선의 여성 시인으로서 명성이 높았습니다. 그래서 중국의 문인 전겸익의 《열조시선》, 왕사정의 《별재집》, 주이준의 《명시종》과 《정지거시화》, 우동의 《서당잡조》 등의 책에 난설헌의 시가 실려 있는데 모두 허씨를 경번당이라고 기록했다고 합니다.

달나라 광한궁으로 떠난 재주 많은 시인

조선시대에 우리 사신 일행은 중국에 가면 지식인들과 정치, 철학, 문학, 예술 등 온갖 주제에 대해 글로 써서 묻고 대답하는 필담을 나누었습니다. 어쩌다 난설헌이 그 주제가 되기도 했지요.

> 난공: 귀국의 경번당은 허봉의 누이동생으로 시에 능해서 그 이름이 중국의 시선詩選에 실렸으니, 어찌 다행한 일이 아니겠습니까?
> 담헌: 이 부인의 시는 훌륭하지만 그의 덕행은 전혀 그의 시에 미치지 못합니다. 그의 남편 김성립은 재주와 외모가 뛰어나지 못했습니다. 그래서 부인이 이런 시를 지었습니다.

> 인간 세상에서 김성립을 이별하고　　人間願別金誠立
> 지하에서 영원히 두목지를 따르리라　地下長從杜牧之

> 이 시만 보아도 그 사람됨을 알 수 있습니다.
> 난공: 아름다운 부인이 못난 남편과 부부가 되었으니, 어찌 원망이 없을 수 있겠습니까?

형암炯菴은 논한다. 들건대 경번은 스스로 지은 호가 아니고 경솔한 사람들이 조롱하는 뜻으로 붙인 것이라 한다. 담헌도 이에 대해서는 미처 분별하지 못했다. 중국의 책에는 허경번과 허난설헌을 다른 사람이라 했고, 또 "그의 남편이 왜적의 난에 절조를 지키다가 죽자 허씨는 여자 도사가 되어 일생을 마쳤다."라고 했으니, 와전됨이 너무 심하다. 난공이 만약 시화詩話를 편집할 때 담헌의 이 말을 싣는다면 어찌 불행한 일이 아니겠는가? 또 그의 시가 전수지錢受之(전겸익)의 첩인 유여시의 경우와 같아 결함을 지적하자면 걸리지 않는 것이 없으니, 또한 복이 없는 운명이다. 세상에서는 허씨의 시를 모두 맹랑하다고 한다. 이를테면 "첩은 직녀가 아닌데, 낭군이 어찌 견우일 수 있겠는가[妾身非織女 郎豈是牽牛]"라고 한 시도 중국 사람의 시이기 때문이다.

이덕무李德懋, 1741-1793　〈천애지기기서天涯知己書〉,《청장관전서靑莊館全書》

이규경의 조부인 형암 이덕무가 담헌 홍대용이 청나라 반정균과 나눈 필담을 소개하고, 그것에 대해 평을 쓴 것입니다. 중국 지식층에 난설헌에 대한 사실이 잘못 전해진 것이 많음을 알 수 있습니다.

연암燕巖 박지원朴趾源도 연경에 갔을 때 중국인과 난설헌 이야기를 나누면서 여러 헛소문에 대해 적극 해명한 적이 있습니다. 그의《열하일기熱河日記》에 "허봉의 누이동생 허씨는 호가 난설헌인데, 그 소전小傳에는 여관女冠(여자 도사)이라 했는데 우리나라에는 본래 '도관道觀(도교의 사원)'이니 '여관'이니 하는 것이 없으며, 또 그의 호를 경번당이라 했으나, 이는 더욱 잘못된 일입니다. 허씨가 김성립에게 시집갔는데, 김성립의 얼굴이 오종종하게 못생겼으므로 그의 벗들이 놀리어 그 아내가 두번천杜樊川을 연모한다 조롱한 것이지요. 대개 규방에서 시를 읊음이 본시 아름답지 못한 일인데, 더욱이 두번천을 연모한다고 소문이 퍼졌으니 어찌 원통하지 않겠습니까?"라고 했습니다.

이규경은 결론적으로 경번이라는 이름은 번천 두목이 아니라 선녀 번고를 우러러 사모하는 뜻이라고 했습니다. 또한 세상에 전파된《난설헌집》에 위작이 많이 섞여 있다는 주장은 사실이라고 했지요.

규방의 여인도 성대한 명성을 꺼리는데	閨媛亦忌盛名中
난설헌에 대한 세상 의론은 같지 않네	蘭雪人間議異同
붉게 떨어진 부용꽃 스물일곱 송이	紅墮芙蓉三九朶
돌아가는 길에 웃으며 광한궁을 가리키네	歸程笑指廣寒宮

신위申緯, 1769-1845 〈동인논시절구 35수東人論詩絶句三十五首〉,《경수당전고警修堂全藁》

세상의 구구한 터무니없는 헛소문을 뒤로하고 난설헌은 달나라 광한궁으로 떠나갔습니다. 광한궁은 인간 세상으로 그녀가 귀양 오기 전에 살았던 곳입니다.

초당 집안의 세 그루 보배 중에	三株寶樹草堂門
제일의 선재는 경번이었네	第一仙才屬景樊

티끌 세상에 오래 머물 수 없음을 알았으니　　料得塵寰難久住

부용꽃 처량하게 달빛 서리 흔적 띠었네　　芙蓉凄帶月霜痕

황현黃玹, 1855-1910　〈우리나라 여러 사람의 시를 읽다·난설[讀國朝諸家詩·蘭雪]〉

《매천집梅泉集》

　황현은 조선에서 가장 뛰어난 시인 14명을 뽑아 각각 한 편씩 시를 지어 헌정했는데 그중에 난설헌을 과감하게 넣었습니다. 난설헌은 시인으로서 참으로 뛰어난 재주를 가진 선재仙才였습니다.

이루지 못한
연파조수의
꿈

경기도
남양주시
다산 유적지

오랜만에 유산酉山에 있는 다산茶山 정약용丁若鏞, 1762-1836의 묘지를 찾
았습니다. 이곳은 올 때마다 주변 풍경이 변하곤 합니다. 수십 년 전에
만 해도 자못 황량했던 이곳에 다산이 태어난 생가, 여유당與猶堂이 복
원된 후 다산기념관이 들어서고, 바로 근처에 실학박물관이 자리를
잡았습니다. 서울에서 가깝기 때문에 주말이나 공휴일이면 여느 유명
한 관광지 못지않게 인파와 차량이 넘쳐 납니다. 이 모든 소란한 변화
는 오로지 이 묘지의 주인 때문에 생긴 것인데 정작 주인은 어찌 생각
할지 궁금합니다.

　다산은 살아 있는 동안 스스로 묘지명을 지어서 생애를 직접 정리
했습니다. 그〈자찬묘지명自撰墓誌銘〉에서 "이는 열수洌水 정용丁鏞의 묘지
이다. 본명은 약용若鏞이고, 자는 미용美庸이며 또 다른 자는 송보頌甫이

다산은 살아 있는 동안 스스로 묘지명을 지어서 자신의 생애를
직접 정리했습니다. 오른쪽 비석에 숙부인 풍산 홍씨淑夫人豊山洪氏와
문도공 다산 정약용文度公茶山丁若鏞의 묘라고 쓰여 있습니다.
문도는 정약용의 시호이지요.

다. 호는 사암俟菴이고 당호堂號는 여유당인데 '주저하기를 겨울에 내를
건너듯 하고 조심하기를 사방 이웃을 두려워하듯 한다.'는 뜻을 취한
것이다. 아버지 성함은 재원載遠이고 음사蔭仕로 벼슬해 진주목사에 이
르렀다. 어머니 숙인淑人은 해남 윤씨海南尹氏이다. 영종英宗 임오년1762, 영
조38 6월 16일에 열수洌水 가의 마현리馬峴里에서 용鏞을 낳았는데 때는
건륭乾隆: 청 고종(淸高宗)의 연호 27년이었다."라고 했습니다.

안개 낀 물결에서
낚시하는 늙은이,
연파조수

다산은 이곳 마현리(남양주시 조안면 능내리)에서 태어나서 성장했습니다. 15살에 결혼할 때까지 이곳을 떠난 적이 없었고, 부친이 벼슬길에 오른 후에야 비로소 서울로 따라갔습니다. 이때 성호星湖 이익李瀷의 만손자인 이가환李家煥과 그의 외조카인 이승훈李昇薰을 만나 성호가 남긴 유고를 읽고 평생 학문을 하기로 마음먹었습니다. 이후 지방관으로 나간 부친을 따라가서 전라도 화순과 경상도 예천에서 잠시 공부했습니다. 그리고 스스로 관직에 올라 20여 년 동안 빛을 보기도 하고 어려움을 겪기도 했지요.

다산은 1800년 39세에 정치에서 대립하던 정적들의 탄핵을 견디지 못하고 아내와 자식과 함께 마현리로 돌아왔습니다. 이때 영원히 벼슬길을 떠나리라는 의지를 다지기 위해 여유당이라는 현판을 달았는데, 이는 모든 일에 조심하라는 뜻으로 《노자老子》의 글귀에서 가져온 것입니다. 사실 다산은 이미 이보다 수년 전에 세속을 떠날 생각을 하고 있었습니다.

원굉도袁宏道는 많은 돈으로 배 한 척을 사서 배 안에 북과 피리, 관현악기와 여러 가지 오락 도구를 갖추어 놓고 마음대로 놀다가 이것으로 말미암아 몰락한다 할지라도 후회하지 않겠다고 했다. 이것은 미친 자나 방탕한 자가 할 짓이지, 나의 뜻과는 다르다. 나는 적은 돈으로 배 한 척을 사서 배 안에 어망 네댓 장과 낚싯대 한두 개를 싣고, 솥과 술잔과 자그마한 밥상 등 여러 양생養生의 도구를 갖추고, 방 한 칸을 짓고 구들을 놓고 싶다.

두 아이에게 집을 지키게 하고, 늙은 처와 어린애와 어린 종 한 명을 데리고 부가범택浮家汎宅(살림을 할 수 있는 배)으로 종산鍾山과 초수苕水 사이를 오가려 한다. 오늘은 월계粵溪의 깊은 곳에서 물고기를 잡고, 내일은 석호石湖의 구비에서 낚시하고, 또 그다음 날은 문암門巖 여울에서 물고기를 잡는다. 바람을 맞으며 물 위에서 잠을 자니 둥실둥실 물결 속의 오리 같다. 때때로 짧은 노래와 시로 기구하고 소란한 마음을 스스로 펴는 것이 나의 소원이다.

옛사람 중에 이를 실행한 사람이 있으니, 은사隱士 장지화張志和가 이 사람이다. 장지화는 본래 관각館閣의 학사學士였는데 만년에 물러나서 이런 생활을 하며 연파조수煙波釣叟라고 스스로 칭호를 지어 불렀다. 나는 그 풍모를 듣고 흠모해 '초상연파조수지가苕上煙波釣叟之家'라고 써서 공장工匠에게 나무에 새겨서 방牓을 만들게 해 간직해 온 지가 여러 해였다.

장차 내 배에 방을 달려고 한 것인데 '가家'라고 한 것은 물에 떠다니는 집, 부가浮家를 말한 것이다. 경신년1800, 정조 24 초여름에 처자를 이끌고 초천苕川의 농막에 와서 막 부가를 지으려고 했는데 성주聖主(임금)께서 내가 떠난 소식을 듣고 내각內閣에 명해 소환하도록 했다. 아! 내가 어찌 하겠는가? 바야흐로 서울로 다시 돌아갈 때 그 방을 꺼내어 유산의 정자에 달아 놓고 떠났다. 이것으로써 내가 연연해 머뭇거리면서도 그 뜻을 차마 고수하지 못했던 까닭을 기록해 놓는다.

정약용 〈초상연파조수지가기苕上煙波釣叟之家記〉, 《여유당전서與猶堂全書》

다산은 호화로운 뱃놀이 생활을 하고 싶다는 명나라 원굉도의 말을 비판하고, 자신은 적은 돈으로 소박한 부가범택을 갖추어 연파조수 장지화처럼 살고 싶다고 했습니다.

장지화732-774는 호가 현진자玄眞子인데 당나라 숙종肅宗 때 16세에 과거에 급제해 한림대조와 남포현위 등을 지냈으나 나중에 관직 생활이 덧없음을 느끼고 벼슬을 버리고 은거했습니다. 일찍이 숙종이 그에게 사내종과 계집종 각각 한 명을 주었는데 그들을 결혼시키고 어동漁童과 초청樵靑이라 이름 지어 주고, 이들과 함께 부가범택을 타고 태호太湖가 흐르는 언저리의 초계苕溪와 삽계霅溪 사이에서 낚시꾼으로 노닐었습니다. 그리고 스스로 호를 연파조수煙波釣叟라 했지요. 안개 낀 물결에서 낚시하는 늙은이라는 뜻입니다.

그는 도가道家 계열의 《현진자》라는 책을 썼고, 시문과 그림에도 뛰어났는데 후세 사람들은 그의 고상한 생애를 흠모해 그가 신선이 되어 떠났다는 전설을 지어냈습니다. 오대십국五代十國 때의 남당南唐 사람 심분沈汾의 《속선전續仙傳》에 장지화의 전傳이 실려 있는데 그를 날아다니는 신선, 비선飛仙이라 했지요.

서새산 앞에 백로가 날고   西塞山前白鳥飛

복사꽃 흐르는 물에 쏘가리 살쪘네   桃花流水鱖魚肥

푸른 대삿갓 초록 도롱이   青箬笠綠蓑衣

미풍과 보슬비에도 돌아갈 필요 없네   斜風細雨不須歸

장지화   〈어부사漁父詞〉,《전당시全唐詩》

장지화의 〈어부사〉 5수 가운데 첫 번째 사詞입니다. 제목은 〈어가자
漁家子〉 또는 〈어부漁父〉라고도 합니다. 장지화의 〈어부사〉는 일찍부터
동아시아 전역에서 유행해 후세의 모든 〈어부가〉의 본보기가 되었습니
다. 특히 '복사꽃 흐르는 물에 쏘가리 살쪘네.'라는 구절은 유명한 문
사들이 시문의 전고典故로 삼았고, 또 많은 화가들이 화제畵題로 삼아
서 그림으로 그렸기 때문에 쏘가리는 자연에 묻혀 조용히 사는, 은자
장지화를 상징하는 물고기가 되었답니다.

외롭고 기나긴
유배의 세월 동안
사무친 고향 생각

남자주 옆에 다리 부러진 솥을 걸어 놓고　　　藍子洲邊折脚鐺

청니방의 미나리로 함께 쏘가리를 삶네　　　青泥芹共鱖魚烹

이로써 서새산 앞의 늙은이가　　　是知西塞山前叟

다만 배 안에서 일생을 보냄을 알겠네　　　只管浮家度一生

정약용 〈연대정십이절구練帶亭十二絶句〉,《여유당전서》

남자주藍子洲는 다산의 고향 마을 앞 한강에 있는 모래톱입니다. 청
니근青泥芹은 청니방青泥坊의 미나리를 말합니다. 이는 두보杜甫의 〈최씨
동산초당崔氏東山草堂〉에서 "식사로는 청니방 아래 미나리를 삶아 놓았
네[飯煮青泥坊底芹]" 구를 인용한 것입니다. 청니방은 섬서성陝西省 남전현
藍田縣 청니성青泥城에 있는 제방입니다.

서새산西塞山은 장지화가 배를 타고 은거했던 곳입니다. 서새산의 위
치는 여러 설이 있지만 지금의 절강성浙江省 오흥현吳興縣에 있는 서초계
西苕溪 가로 추정됩니다. 예전에는 이곳을 도사기道士磯라고 불렀는데 물
가에 우뚝 솟은 큰 바위산입니다.

다산은 남자주 모래톱에서 다리 부러진 솥을 걸어 놓고 미나리를

다산 생가 여유당. 여유당은 '주저하기를
겨울에 내를 건너듯 하고 조심하기를
사방 이웃을 두려워하듯 한다.'는 뜻으로
《노자》의 글귀에서 가져온 것입니다.

넣은 쏘가리탕을 끓였습니다. 쏘가리탕을 대하고 보니 문득 서새산 늙은이 장지화가 절로 떠올랐던 것입니다. 쏘가리는 은자 장지화를 상징하는 물고기가 아니겠습니까?

다산은 일찍부터 장지화처럼 연파조수가 되고자 했습니다. 그래서 일찍이 '초상연파조수지가苕上煙波釣叟之家'라는 방까지 마련해 놓고 언젠가 물에 떠다니는 집, 부가를 장만해 달려고 했습니다. 초상苕上은 초천苕川으로 마현리 여유당이 있는 마을 이름입니다.

그러나 부가를 타고 어부의 생활로 생애를 마치려던 다산의 꿈은 끝내 물거품이 되고 말았습니다. 임금의 부름을 끝내 거역할 수 없었던 것이지요. 조정으로 소환된 다산은 이듬해 천주교를 탄압하는 신유사옥辛酉邪獄에 연루되어 경상도 장기長鬐로 유배를 갔습니다.

남자주 서쪽이 석호인데   藍子洲西是石湖

안개비 속 줄과 갈대밭에 푸름이 흐릿하네   菰煙蘆雨碧糢糊

소신은 남가일몽을 다시 꾸지 않고   小臣不復南柯夢

강변의 낚시꾼이 되고자 하네   願作江邊一釣徒

정약용 〈가을 회포[秋懷]〉,《여유당전서》

신유년1801 가을에 귀양지 장기에서 지은 시입니다. 남가일몽南柯一夢은 부질없는 꿈입니다. 여기서는 두 번 다시 벼슬길을 생각하지 않겠다는 뜻입니다. 다만 강변의 낚시꾼이 되고 싶다고 했지요.

다산은 얼마 후 다시 신문을 받고 전라도 강진으로 멀고 긴 유배의 길을 떠났습니다. 형 정약종丁若鍾은 천주교 신자로서 이미 순교했고, 또 다른 형 정약전丁若銓은 전라도 신지도에서 흑산도로 돌아오지 못할 길을 떠났습니다.

다산은 이때의 마음을 〈자찬묘지명〉에 "용이 해상海上(강진을 말함)으로 유배되어 가서 생각하기를 '소싯적에는 학문에 뜻을 두었으나 20년 동안 세로世路에 빠져 다시 선왕先王의 대도大道가 있는 줄을 알지 못했는데 지금 여가를 얻게 되었다.' 하고 드디어 흔연히 스스로 경하했다."라고 적었습니다. 다산은 유배된 것을 학문할 여가를 얻었다고 스스로 위로했지만 외롭고 기나긴 유배의 세월 동안 사무치는 고향 생각을 지울 수는 없었습니다.

유산 아래에	西山之下
내 집이 있는데	爰有我廬
열수는 드넓고	洌之洋洋
물고기가 넘친다네	有物其魚
집 앞엔 큰 강이 있고	舍前大江
과수원도 있고 채소밭도 있고	有園有圃
금도 있고 책도 있다네	有琴有書

정약용 〈유산은 귀양객이 그리워하는 곳이다. 그 가족들을 떠나왔으니 마음을 편히 할 수 없다[西山 遷人之思也 離其室家 不能安土焉]〉, 《여유당전서》

다산의 〈유산 4장 장 6구酉山四章章六句〉 중의 일부입니다. 다산은 집이 있는 곳은 유산 아래 유자곡酉子谷이고, 집 앞의 큰 강의 이름이 열수洌水라고 했습니다.

다산은 유배 간 지 19년 만인 1819년에 꿈에 그리던 고향으로 돌아왔습니다. 다행히 나이가 들어서의 삶은 비교적 평탄해서 유배지에서 이룬 학문의 성과를 정리하면서 75세까지 살았지요.

그는 평생 이룩한 자신의 학문을 평가하며 "육경六經과 사서四書는 자신의 몸을 닦고자 하는 것이고, 1표表(경세유표)와 2서書(목민심서와 흠흠신서)는 천하와 국가를 다스리고자 한 것으로서 본말本末을 갖추고자 한 이유이다. 그러나 알아주는 이는 적고 나무라는 이는 많으니, 만약 천명天命이 인정해 주지 않는다면 비록 한 횃불로 태워 버려도 좋을 것이다."라고 했습니다.

다산이 이룬 학문의 성과는 우리 민족의 위대한 유산입니다. 어찌 한 횃불로 태워 없앨 수가 있겠습니까? 지금 유산 아래에는 열수는 사라지고 넓은 호수가 펼쳐져 있습니다. 그 옛날 다산이 한양의 두모포豆毛浦 나루에서 이곳 열수까지 배를 타고 오갔던 강 길은 댐으로 막혀 버렸습니다. 다산이 쏘가리탕을 끓이며 서새산 연파조수를 그리워했던 남자주 모래톱은 흔적도 없이 물속 깊이 잠겨 버렸지요. 불과 몇백 년의 세월이 참으로 아득하기만 합니다.

푸른 바위에
정자가 있는데
푸른 연못이 도네

경북 봉화 유곡리酉谷里는 매우 유서 깊은 마을입니다. 유곡은 우리말로 닭실이라 하는데 풍수지리에 따르면 금계金鷄가 알을 품고 있는 모양이라고 합니다. 마을은 나지막한 산을 등지고 앞에 넓은 들이 펼쳐져 있습니다. 또한 마을 앞을 지나가는 냇물이 있어서 배산임수背山臨水라고 할 수 있지요.

성해응成海應의 〈명오지名塢志〉, 《연경재전집研經齋全集》에 "내성奈城 옛 현은 부府의 북쪽 90리에 있는데 본래 고려 때의 퇴관부곡退串部曲이다. 충정忠定 권벌權橃의 옛 거주지이다. 청암정靑巖亭이 있는데 정자는 연못 가운데 큰 바위 위에 있어 섬과 같아서 아취가 있다."라고 했습니다.

이긍익李肯翊의 《연려실기술燃藜室記述》에는 "임하臨河의 몽선각夢仙閣은 학봉學峯 김성일金誠一의 옛집이고, 내성奈城의 청암정靑岩亭은 찬성贊

成 권벌의 옛집이고, 춘양春陽의 한수정寒水亭은 정언正言 권두경權斗經의 세거지인데 모두 태백산 남쪽 물가에 자리 잡은 이름난 마을들이다."라고 했습니다. 여기서 말하는 내성이 바로 닭실입니다.

《신증동국여지승람新增東國輿地勝覽》에서는 "청암정은 내성에 있는 정자인데, 못 가운데 있는 큰 돌 위에 지었으므로 섬과 같다."라고 했지요.

● 정자가 기암 위에
　서 있는데
　연꽃이 연못에서 자라네

닭실의 청암정은 이처럼 옛날의 지리지에까지 소개될 정도로 명소였습니다. 청암정은 권벌1478-1548이 세운 정자입니다. 큰 바위 위에 정자를 세우고 냇물을 끌어와서 정자를 둘러 흐르게 하고 연꽃을 심어 놓았습니다. 그래서 정자가 마치 연못 중앙에 있는 섬처럼 보이는데, 돌다리를 놓아 드나들게 했지요.

정자의 '청암정'이라는 현판은 매암梅庵 조식曺湜, 1526-1572이 쓴 글씨입니다. 또 정자 안에 한자 서체 가운데 하나인 전서篆書로 쓴 '청암수석青巖水石'이라는 현판이 있는데 미수眉叟 허목許穆, 1595-1682의 필적입니다. '청암수석' 큰 글자 옆에 잔글자가 있는데 "청암정은 춘양^{春陽} 권충정공^{權忠定公}의 산수^{山水} 안의 옛 집인데 골짜기의 수석^{水石}이 가장 아름다워서 절경이라 말한다. 나는 연로하고 길이 멀어서 그 사이에서 한 번의 유람을 할 수 없었다. 항상 높은 절벽과 맑은 개울에 있는 것을 상상할 뿐이다. 특별히 '청암수석^{靑巖水石}'이라는 네 자의 큰 글씨를 쓴 것은 또한 현인을 사모하는 마음이다. 이에 기록한다. 8년 맹하^{孟夏} 상완^{上浣}에 태령노인^{台嶺老人}이 쓰다."라고 했습니다.

청암정은 권벌이 세운 정자입니다. 큰 바위 위에 정자를 세우고
냇물을 끌어와서 정자를 둘러 흐르게 하고 연꽃을 심어 놓았습니다.
그래서 정자가 마치 연못 중앙에 있는 섬처럼 보이는데,
돌다리를 놓아 드나들게 했지요.

정자의 '청암정'이라는 현판은 매암 조식이 쓴 글씨입니다.
또 정자 안에 한자 서체 가운데 하나인 전서로 쓴
'청암수석靑巖水石'이라는 현판이 있는데 미수 허목의 필적입니다.
맨 아래 현판은 퇴계 이황의 시, 〈유곡 청암정에 부쳐서 적다〉를
새겨 놓은 것입니다.

8년은 숙종 8년으로 1682년입니다. 허목은 1682년 음력 4월 27일에 죽었으니, 운명하기 불과 며칠 전에 쓴 것입니다. 허목의 전서는 당대에 이미 유명했습니다.

청암정 주인 권벌은 자는 중허仲虛이고 호는 충재冲齋입니다. 일찍이 예조참판을 지냈는데 1519년 기묘사화己卯士禍에 연루되어 파직당하고 귀향해 십 년 넘게 은거했습니다. 그러던 중 1526년에 청암정을 세웠습니다. 다시는 벼슬길에 나서지 않겠다는 다짐이 아니었을까요? 그러나 1533년 다시 벼슬길로 나가서 우찬성까지 승진했는데, 1547년 양재역 벽서사건에 연루되어 평안도 삭주朔州로 유배되었습니다. 그리고 결국 살아서 고향으로 돌아오지 못하고 유배지에서 운명했지요. 나중에 명예가 회복되어 영의정에 추증되고 충정忠定이라는 시호를 받았습니다.

천리 관하에서 길 잃은 사람인데	千里關河失路人
새해 변방에서 더욱 봄을 슬퍼하네	新年沙塞更傷春
서로 눈 덮인 고개 바라보며 그리워하는데	相看雪嶺相思意
형제들 생각하며 수건에 눈물 적시네	憶弟懷兄淚滿巾

권벌 〈삭주에서 회포를 읊다[朔州詠懷]〉,《충재집冲齋集》

권벌이 평안도 삭주의 유배지에서 지은 시입니다. 아마 영원히 고향에 돌아가지 못하리라고는 생각하지 않았을 것입니다.

청암정 안에는 시를 새긴 현판들이 많습니다. 그중에 퇴계退溪 이황

李滉, 1501-1570의 시도 있습니다.

우리 공은 평소에 깊은 충심을 품었는데　　　　　　　　　我公平昔抱深衷

길흉이 아득히 한 번 번개 치는 허공에 있었네　　　　　倚伏茫茫一電空

지금 정자가 기암 위에 있는데　　　　　　　　　　　　至今亭在奇巖上

의구한 연꽃이 옛 연못에서 자라네　　　　　　　　　　依舊荷生故沼中

시야에 가득한 안개구름에서 평소의 즐거움을　　　　　滿目烟雲懷素樂

회상하고

한 마당의 난과 옥에서 향기를 보네　　　　　　　　　一庭蘭玉見遺風

추생이 몇 번이나 권하여 힘쓰게 함을 그르쳤던가　　　鰍生幾誤蒙知獎

백발로 시 읊으니 뜻이 무궁하네　　　　　　　　　　白首吟詩意不窮

유곡의 선공이 집터 정함이 넓으니　　　　　　　　　西谷先公卜宅寬

운산이 돌고 물굽이가 둘렀네　　　　　　　　　　　雲山回復水彎環

정자를 외딴 섬에 세워서 다리 걸쳐 들어가고　　　　亭開絶嶼橫橋入

연꽃이 비추는 맑은 못에서 산 그림을 보네　　　　　荷映淸池活畫看

농사일 스스로 능하니 배울 필요 없고　　　　　　　稼圃自能非假學

벼슬을 바라지 않으니 상관하지 않네　　　　　　　　軒裳無慕不相關

더욱 바위 굴에 왜송이 있음을 사랑하니　　　　　　更憐巖穴矮松在

격렬한 풍상에 늙은 형세 서렸네　　　　　　　　　激厲風霜老勢盤

이황　〈유곡 청암정에 부쳐서 적다[寄題西谷靑巖亭]〉,《퇴계집退溪集》

퇴계는 이곳 청암정에 온 적이 없습니다. 이 시는 1565년에 퇴계 이황이 권벌의 아들 청암靑巖 권동보權東輔의 요청을 받고 지은 것입니다. 《퇴계집》의 주석에 "고故 권이상權貳相 중허仲虛의 사자嗣子 동보東輔가 제영題詠을 요청했다."라고 했습니다. 어떤 사물을 찬양하기 위해 시를 짓는 것을 제영이라고 합니다. 시에서 언급한 난옥蘭玉은 지란옥수芝蘭玉樹의 준말로 남의 집안의 뛰어난 자제子弟를 말한 것입니다. 여기서는 권벌의 아들 권동보와 그 후손들을 가리키지요.

권벌의 아들 권동보는 초계군수를 지냈는데 늘그막에 청암정에서
가까운 계곡에 석천정사石泉精舍를 지어서 쉬는 장소로 삼았습니다.
이 석천정사도 청암정과 더불어 닭실의 명소가 되었습니다.

바위 색이 창고해
청암이라
이름 지었다

집의 서쪽 십여 걸음 거리에 큰 바위를 얻었는데 그 위에 정자를 높이 세웠다. 이것이 청암정이다. 연못을 두르게 하니 맑고 투명해 벽옥과 같고, 돌다리를 걸쳐서 그 안으로 들어가니 외딴 섬이 되었다. 사면이 모두 한 개 큰 반석인데 정자가 그 위에 의지해 삼 분의 일을 차지했다. 정자의 북쪽 옆은 바위가 우뚝 서 있는데 높이가 한 장 남짓이고, 바위 색은 더욱 예스럽게 푸르러 청암靑巖이라고 이름 지었다.

선조 충정공忠定公이 실제로 창건했는데 전체 당이 여섯 칸이고 방이 두 칸이다. 그 처음에는 방은 없었고 당만 있었는데 고조부 초계공草溪公이 허공에 의지해 돌을 쌓아서 증축했다. 정자는 그다지 크고 사치스럽지 않지만 형세의 높은 곳을 차지했기 때문에 자못 전망이 확 트여서 동악東岳을 내려다보고 남산南山을 마주하고, 북쪽은 문수산文殊山에 통하고, 조망이 약간 넓어졌다. 중간에 한 작은 개울을 남쪽으로 흘려보내서 정자 아래에 이르게 했는데 물길이 세차게 쏘아서 바위에 부딪쳐 흘러가니 그 소리가 콸콸거렸다.

남쪽 처마 밖에는 세 그루 소나무를 심었는데 높이가 지붕과 나란했다. 기둥 북쪽 바위틈에 황양黃楊나무가 저절로 자라나서 굴곡져서 자라지 않았다. 그 사이에 국화 여러 떨기를 심었다. 연못 언덕에는 소나무와 노송나무와 잣나무가 각각 한 그루씩 서 있는데 그루터기가 반은 말라 죽었다. 돌다리를 건너 연못에 임한 곳에 세 칸 기둥을 건축해 평소에 거주하는 방으로 삼았는데 곧 충재沖齋이다.

충재는 정자와 마주 대하면서 조금 나직하다. 약간 동쪽에 또 세 칸 기둥을 얻었는데 우리 선친께서 건축한 것으로서 모두 온돌방이다. 계단과 뜰을 정리해 작은 담장을 두르고, 궁궁이와 모란과 작약 등을 섞어서 심고, 장미와 철쭉으로 보완하게 했다. 남쪽과 북쪽에 각각 작은 문을 하나씩 열어서 빈객들이 왕래하며 드나들게 했다. 또 동쪽에 작은 문을 하나 열어서 세 오솔길을 만들고 동쪽의 개울물을 끌어와서 남쪽 담을 뚫고 연못에 통하게 했는데 콸콸 소리가 섬돌을 따라서 울렸다.

홀로 밤에 정자 위에 누워 있으면 졸졸거리는 소리가 밤새 귀에 들려서 사랑스럽다. 마당 안에 큰 녹나무가 있어서 푸른색이 구름에 닿고, 녹음 드리운 마당은 단풍 숲을 끼고 있어서 비록 한여름의 정오라도 더운 기운이 없다. 연못 안에 물고기 수천 마리를 기르고 푸른 연잎이 우뚝이 솟아 있고, 부용꽃 천 자루가 물에서 나와 있어서 붉고 푸른색이 구름처럼 솟아오른다. 항상 맑은 바람이 천천히 불어오면 향기가 자욱하게 사람의 코와 눈 사이에 끼쳐 온다.

앞에는 논이 있어서 벼 심은 것이 들에 가득하고 농부들의 노랫소리가 서로 들려오는데 또한 우리 정자의 뛰어난 경치 중의 하나이다. 가장 좋은 것은 달밤인데 온갖 소리가 고요하고 맑은 연못이 거울처럼 비어 있다. 물결치는 달빛이 출렁이며 대들보 사이로 쏘아 오면 황금이 사방에서 흘러드는 것처럼 흔들린다. 작은 물고기가 가끔 뛰어오르고 물새가 때때로 울고, 소나무 그림자가 누대에 가득하고 한 티끌도 이르지 않아서 사람을 상쾌하게 해 꿈꾸며 잠들지 못하게 한다.

대개 정자의 사철 풍경은 같지 않다. 내가 즐겁게 여기는 것은 봄 여름 가을, 세 계절에 있다. 겨울은 추위를 지내면서 거처하기 어려운데 다만 눈이 많이 와 바위를 묻으면 오직 푸른 소나무와 잣나무가 홀로 오만하게 굴복하지 않으니 공경할 만하고 즐겨 구경할 만할 뿐이다. 처마 사이에 퇴도退陶(이황) 선생이 부쳐서 적은 율시가 있는데 시와 글씨가 단정하고 엄격해 개울 골짜기의 집에서 빛이 난다. 이어서 화답한 자들 중에 박계현朴啓賢 공과 권벽權擘 공은 또한 한때의 문장가이고 시인들이다. 정자의 편액 큰 글씨 세 자는 몹시 경건勁健하고 기고奇古한데 애석하게도 글씨를 쓴 사람이 자취도 없이 없어져 그 이름이 전해지지 않는다.

아! 사람과 땅이 만나면 땅은 사람 때문에 뛰어나게 된다. 이 정자는 우리 선조를 만나서 명성이 더욱 드러났는데 이李 선생이 감상해 읊은 시를 얻어서 빛이 더욱 드러났으니, 어찌 다만 계산溪山의 형세와 경치가 빼어났을 뿐이겠는가?

권두인權斗寅, 1643-1719 〈청암정기靑巖亭記〉, 《하당집荷塘集》

권두인은 권벌의 5세손입니다. 벼슬에 뜻을 두지 않고 지내다가 중년에 전의, 안음, 영춘, 장수 지역에서 현감을 지냈습니다.

기문에서 언급한 퇴도 선생은 퇴계 이황입니다. 박계현1524-1580은 1567년 경상도관찰사로 지낼 때 권벌과 이언적李彦迪 등의 명예를 회복시켜 달라고 요청한 바 있습니다. 권벽1520-1593은 강원도관찰사를 지냈는데 아들 권필權韠, 1569-1612과 함께 시인으로서 유명했습니다.

닭실에서 빼어난 경치를 모두 읊다

우리 조상께서 옛날 산을 열어서	吾祖昔開山
도의의 남긴 은혜가 흐르네	道義流遺澤
자손들이 대대로 거주하니	兒孫世世居
예의 지키며 마땅히 조심하네	秉禮宜怵惕

권두경權斗經, 1654-1725 〈유곡西谷〉, 〈유곡잡영 45수. 망천체를 본받다.
을사년[西谷雜詠四十五首 倣輞川體 乙巳]〉, 《창설재집蒼雪齋集》

푸른 바위에 옛 정자가 있는데	蒼巖古亭舍
사면에 푸른 연못이 도네	四面綠池回

때마침 달 밝은 밤에　　　　　　有時明月夜

천 송이 부용꽃 피었네　　　　　　千柄芙蓉開

권두경　　〈청암정〉, 〈유곡잡영 45수. 망천체를 본받다. 을사년〉, 《창설재집》

너 척촉천에게 묻노니　　　　　　問爾躑躅泉

수맥을 끌어옴을 스스로 허락했던가　　引脉自何許

도도히 흘러 동촌을 돌고　　　　　滔滔繞東村

연못 안으로 들어와 흘러가네　　　　流入池中去

권두경　　〈척촉천躑躅泉〉, 〈유곡잡영 45수. 망천체를 본받다. 을사년〉, 《창설재집》

꾀꼬리 울고 녹음이 합쳐지니　　　鸎啼綠陰合

봄빛은 어디로 돌아가는가　　　　春光何處歸

청암정 터가 열리니　　　　　　靑巖亭塢闢

정원 가득히 노란 장미가 피었네　　滿院黃薔薇

권두경　　〈장미원薔薇垣〉, 〈유곡잡영 45수. 망천체를 본받다. 을사년〉, 《창설재집》

늦게 목작약이 피어나니　　　　晩開木芍藥

계단 앞에 붉은 꽃 뒤집히네　　　當階翻紅蕚

진정한 감상이 산천에 있는데　　眞賞在山泉

도리어 사강락을 비웃네　　　　還嘲謝康樂

권두경　　〈목단체牧丹砌〉, 〈유곡잡영 45수. 망천체를 본받다. 을사년〉, 《창설재집》

세 그루 소나무 또한 오래되었는데   三松亦多年

따로 남쪽 연못 물가에 서 있네   離立南池沜

한여름에 누대에 기댈 때   朱夏倚樓時

맑은 바람이 탁자에서 일어나네   淸風生几案

권두경 〈삼송반三松沜〉, 〈유곡잡영 45수. 망천체를 본받다. 을사년〉, 《창설재집》

유람객이 청암정에서 내려와서   游人下靑巖

장차 삼계로 가려는데   將向三溪去

초연히 절벽 위에 정자가   超然壁上亭

물이 돌고 모래 밝은 곳에 있네   水轉沙明處

권두경 〈석천정사〉, 〈유곡잡영 45수. 망천체를 본받다. 을사년〉, 《창설재집》

권벌의 5세손인 권두경이 당나라 왕유王維의 〈망천집輞川集〉 20수를 따라 45수의 시를 지은 것 가운데 일부입니다. 왕유는 낙양洛陽의 종남산終南山에 별장 망천장輞川莊을 소유하고 20곳의 빼어난 경치를 친구 배적裴迪과 함께 시로 읊었습니다. 권두경이 이를 본받아 닭실의 경치 좋은 45곳을 시로 지은 것이지요.

우리 조상께서 산으로 들어온 뜻은   吾祖入山意

자손들을 위한 백 년의 계책이었네   兒孫百世計

시대의 명성을 구할 필요 없으니   不須求時名

편안히 누워 문을 깊이 닫았네 · · · · · · · · · · · · 高臥門深閉

권만權萬, 1688~1749 　〈유곡〉, 〈유곡잡영酉谷雜詠〉,《강좌집江左集》

바위 위에 정자를 짓고 · · · · · · · · · · · · 結搆在巖上

맑은 연못의 푸른 옥빛으로 둘렀네 · · · · · · · · · · · · 淸池碧玉環

연꽃이 사면에서 미소 짓고 · · · · · · · · · · · · 芙蕖四面笑

향기로운 바람이 앉은 자리에 일어나네 · · · · · · · · · · · · 香風生坐間

권만 　〈청암정〉, 〈유곡잡영〉,《강좌집》

담을 뚫어 흐르는 샘물 끌어오고 · · · · · · · · · · · · 穿垣引流泉

바위 깎아 물길로 삼았네 · · · · · · · · · · · · 劃石爲泉道

아름다운 철쭉꽃이 있어서 · · · · · · · · · · · · 娟娟躑躅花

아래에 붉은 꽃잎 흘러오네 · · · · · · · · · · · · 下有紅流倒

권만 　〈척촉천躑躅泉〉, 〈유곡잡영〉,《강좌집》

동쪽 담은 구불구불 깊은데 · · · · · · · · · · · · 東垣紆且深

아래에 장미나무가 있네 · · · · · · · · · · · · 下有薔薇樹

새벽에 일어나 정원 안을 거닐면 · · · · · · · · · · · · 曉起步庭中

아리땁게 맑은 이슬이 맺히네 · · · · · · · · · · · · 盈盈滴淸露

권만 　〈장미원薔薇垣〉, 〈유곡잡영〉,《강좌집》

우연히 바위 도랑 머리에 이르러 偶來石溝頭

목단꽃 화단에서 꽃을 구경하네 看花牧丹塢

온화한 바람이 푸른 못에 부니 和風吹綠池

적적한 바위 누대의 정오이네 寂寂巖臺午

권만 〈목단체牧丹塢〉, 〈유곡잡영〉, 《강좌집》

정자 아래 바위에 소나무 심으니 栽松亭下石

솔방울이 바위 길에 떨어지네 松子落岩遷

앉아서 푸른 연못 물을 즐기니 坐弄碧池水

앞산이 어두워진 것을 모르네 不知前山暝

권만 〈삼송반三松泮〉, 〈유곡잡영〉, 《강좌집》

사람들은 청암정이 좋다고 하지만 人言靑巖好

나는 홀로 석천정사를 사랑하네 我獨愛石泉

양 언덕에 복사꽃 피면 雨岸桃花發

냇물에 그 향이 아득히 흘러간다네 川流去杳然

권만 〈석천정사〉, 〈유곡잡영〉, 《강좌집》

권만이 백부伯父 권두경의 〈유곡잡영〉의 운자韻字(한시의 운으로 다루는 글자)를 따서 시를 지은 것입니다. 이를 차운한다고 합니다. 권만은 권 벌의 6세손인데 양산군수를 지냈습니다.

을사년 2월 21일에 백부께서 설재雪齋 앞 기둥에 앉아 계셨고, 나는 동쪽 계단에서 모시고 서 있었다. 공께서 계산溪山을 둘러보며 〈망천잡영輞川雜詠〉을 외워 읊으시고, 그 격조와 심오한 뜻을 몹시 칭찬했다. 내가 망천체輞川體를 본받아 〈유곡잡영〉을 읊기를 요청했다. 공께서 웃으시며 "우승右丞(왕유)의 절구絶句는 청련靑蓮(이백)도 거의 미칠 수 없다. 어찌 지금 사람이 쉽게 본받을 수 있겠는가? 또한 〈망천〉 시는 배적裵迪의 화답을 얻었는데 지금 내가 시를 읊는다면 누가 화답할 수 있겠는가?"라고 했다. 내가 모산茅山(이동완)이라 대답하니, 공이 또 웃으시며 "모옹茅翁은 만년에 시 짓기를 좋아하지 않는다."라고 했다. 마침내 시험 삼아 화답하게 할 뜻으로써 잘못 나에게 부탁했다. 나는 몹시 송구한 말로써 감히 그럴 수 없다고 했다. 이튿날 마침 비가 와서 객이 없었기에 마침내 문을 닫고 시를 지으라고 명하셨는데 모두 52제題였다.

백부께서는 한나라 위나라 시를 추구하고, 도연명陶淵明과 위응물韋應物을 법으로 삼아 성대하게 현종과 숙종 때의 명가名家가 되었다. 지금 이 여러 시편들은 또한 천연스럽고 맑고 소박해 참으로 우승의 유운遺韻(이전 사람이 남긴 시문의 품격)을 얻었다. 실로 청암정과 석천정의 영령英靈을 한번 만난 행운이었다. 나는 천하고 비루한데 어찌 감히 하풍下風(자신을 낮추는 말)을 이어서 화답해 왕유와 배적처럼 대적함이 있겠는가? 그러나 공께서 이미 명했으므로 감히 거칠고 졸렬하다고 사양하지 못하고 삼가 제목에 따라 화답하고 하교下敎를 청했다.

권만 〈유곡잡영〉 서문

왕유王維는 상서우승을 지냈기 때문에 일반적으로 왕우승王右丞이
라 합니다.

서문에서 언급한 모산茅山은 이동완李棟完, 1651-1726입니다. 이동완은
학문과 문학이 뛰어나서 권두인, 권두경 형제와 구애龜崖 이완李浣, 1650-
1732과 함께 봉화 지역에서 천성사노川城四老라 불렸습니다. 봉화의 존경
받는 네 명의 대가라는 뜻이지요.

진나라 도연명과 당나라 위응물은 전원과 산수를 잘 읊었던 유명
한 시인들입니다. 권두경의 시가 추구했던 뜻이 높고 우아한 정취를 짐
작할 수 있습니다.

권두경과 권만의 〈유곡잡영〉은 닭실의 모든 빼어난 경치를 다 읊었
다고 하겠습니다.

청암정에 올랐는데
배꽃이 한창이다

청산은 꿈결 같고 버들은 헤매는 듯하고	靑山如夢柳如癡
흐르는 물은 소리 없이 연못에 넘치려 하네	流水無聲欲滿池
깊은 정원은 배꽃 천 그루 안에 있고	深院梨花千樹裏

봄바람 속에 정오에 취했다가 반쯤 깰 때이네　　　　東風午醉半醒時

권두경　〈청암정에 올랐는데 한 마을의 배꽃이 한창 피어 있었다[上靑巖亭一村梨花盛開]〉, 《창설재집》

권두경의 시입니다. 마을 전체에 배꽃이 피어서 청암정은 흡사 배꽃밭 안에 있는 듯합니다.

바위 두른 작고 맑은 푸른 물이 넘실대고　　　　環巖小淑碧溶溶

바위 위 외로운 정자는 우뚝이 거룻배 같네　　　　巖上孤亭兀若篷

발에 도는 옅은 그늘 바야흐로 저녁 풍경인데　　　　簾轉輕陰方暮景

연꽃은 남은 향기 머금고 이미 가을 풍광이네　　　　荷留殘馥已秋風

둑을 두른 우거진 숲엔 많은 매미들 모였고　　　　遠堤深樹羣蟬集

물에 걸친 낮은 다리는 한 나막신이 통하네　　　　跨水扁杠一屐通

충옹을 지금 볼 수 없음을 문득 탄식하니　　　　却歎冲翁今不見

명구에 주인 없는데 객이 정자에 올랐네　　　　名區無主客登欄

김익 金熤, 1723-1790　〈청암정〉, 《죽하집竹下集》

시에 붙은 작가의 설명에 "정자는 권충암權冲菴(권벌)의 별장인데 영천榮川에 있다."라고 했습니다. 김익은 영의정을 지낸 인물입니다.

바위는 붉은 정자를 이고 서 있어　　　　石戴紅亭立

천연스럽게 스스로 누대가 되었네 　　　　　天然自作臺

난간 빈 곳에 산 그림자가 들어오고 　　　　檻虛山影入

처마 높은 곳에 물소리 들려오네 　　　　　軒敞水聲來

말 탄 몸은 피곤함이 없으니 　　　　　　　鞍馬身無倦

풍진 속에 시야가 갑자기 열리네 　　　　　風塵眼忽開

평천을 여전히 팔지 않았으니 　　　　　　平泉猶不鬻

가려다가 도리어 배회하네 　　　　　　　　欲去却徘徊

심육沈錥, 1685-1753 　〈청암정〉, 《저촌유고樗村遺稿》

　평천平泉은 당나라 때의 명재상 이덕유李德裕의 별장 평천장平泉莊입
니다. 이덕유의 〈평천산거계자손기平泉山居戒子孫記〉에 "후대에 이 평천을
파는 자는 내 자손이 아니며, 평천의 나무 하나 돌 하나를 남에게 주
는 자는 훌륭한 자제가 아니다."라고 자손들에게 경계했습니다.

　조상이 지은 오래된 고택이나 정자를 후손들이 대대로 지키는 것
은 쉬운 일이 아닙니다. 과거에 명문가로서 좋은 저택과 별장이 있었지
만 지금은 그 흔적을 찾아볼 수 없는 가문이 대부분입니다. 다행히 청
암정 주인의 후손들은 관직에 계속 나아갔고, 가문의 학문과 문학의
전통을 이어 왔지요.

인간 세상의
참혹한 사건을 목격한
은행나무

압각수鴨脚樹라는 나무를 아시는지요? 압각수는 은행나무를 달리 부르는 이름입니다. 천수를 누리는 나무여서 전국에 걸쳐 수백 년 또는 천 년을 넘게 산 유명한 고목이 많습니다. 압각은 오리발이란 뜻으로 은행나무의 나뭇잎이 오리의 물갈퀴 발과 같다고 해서 지어진 것이지요. 은행銀杏은 은색 살구를 말하는데, 살구 같은 노란 열매에 흰 분가루가 묻어 있어 붙은 이름입니다.

경상북도 영주시 순흥면 내죽리 백운동서원白雲洞書院은 우리나라 최초의 서원입니다. 풍기군수를 지낸 주세붕周世鵬이 유학을 전파하기 위해 세웠는데, 나중에 퇴계 이황이 풍기군수 시절에 세금을 면제받는 등의 경제적 지원을 나라에 요청하면서 소수서원紹修書院이라는 새로운 이름의 현판을 받았습니다.

금성단은 금성대군을 제사 지내는 제단입니다.
그 제단 가까이에 두 그루 은행나무가 장엄하게 서 있는데
그 기상이 가히 하늘을 찌를 듯합니다.

서원 옆에는 냇물이 서원을 감싸고 흘러가는데 죽계입니다. 죽계를 건너서 조금만 걸어가면 금성단錦城壇이 있습니다. 금성단은 금성대군錦城大君, 1426-1457을 제사 지내는 제단입니다. 그 제단 가까이에 두 그루 은행나무가 장엄하게 서 있는데, 그 앞에 서면 누구나 신령스러운 모습에 절로 감탄을 터뜨리지 않을 수 없습니다.

이 은행나무는 인간 세상의 한 참혹했던 역사적 사건을 직접 목격한 증인입니다.

단종의 복위 사건에
앞장선 금성대군

금성단은 순흥부의 북쪽 5리 내죽면內竹面 영귀봉靈龜峯 서쪽에 있다. 고故 금성대군 유瑜가 안치된 장소이다. 경태景泰 을해년1455에 단종이 왕위를 내어 놓았는데 병자년1456에 대군을 본부本府(순흥부)에 안치했다. 대군은 부사府使 이보흠李甫欽과 매번 서로 마주하고 슬피 울면서, 몰래 영남 지역의 선비들과 결의해 상왕을 복위시킬 계책을 꾸몄다. 이때 단묘端廟(단종)께서 영월寧越로 쫓겨나셨다. 그래서 장차 병사를 일으켜 맞이하려고 했다. 좌우를 물리치고 격문을 지었는데 "한 줌 흙이 마르지도 않았는데 육 척의 외로운 몸은 어디에 있는가?"라고 하고, 또 "천자를 끼고 제후를 호령하는데 누가 감히 따르지 않겠는가?"라고 했다.

어떤 관노官奴가 몰래 듣고서 그 격문을 훔쳐다가 변란을 고발했다. 대군과 부사 이보흠과 함께 모의한 여러 사람들은 모두 도륙을 당하고 읍은 마침내 혁파당했다. 숙묘조肅廟朝(숙종) 때 노산魯山(단종)에게 대군大君의 호칭을 추가하고, 육신六臣에게 사당을 세우는 것을 특별히 허가했다. 나중에 읍인들이 상소해 읍의 회복을 청했다. 계해년1683에 마침내 다시 설치했다. 금성대군이 안치되었던 곳이 잡초로 매몰된 지 백 년이었다.

기해년 가을에 읍인 이기륭李基隆이 찾아왔다가 그것을 슬퍼하고, 돌아가서 부사에게 알렸다. 이명희李命熙 공이 제단을 쌓고 제사를 지냈는데 해마다 규약으로 삼았다. 금상今上 무오년에 대군의 후손인 청안淸安에 거주하는 이진수李震秀가 상소해 원통함을 풀어 주고 관직을 회복시키고 정민貞愍이라는 시호를 하사했다. 이 부사(이보흠)도 관직을 회복시키고 이조판서를 추증했다. 신유년 겨울에 방백方伯 심성희沈聖希가 상소해 허락을 받고, 임술년 봄에 옛 제단 옆에 세 제단을 쌓아서 상단上壇은 대군을 제사하고, 우단右壇은 이 부사 대전공大田公을 제사하고, 좌단左壇은 동시에 순절한 의사들을 제사했다. 상단에는 성인비成仁碑를 세우고, 제단문 밖에 재실齋室을 설치해 봄과 가을, 중월仲月 중정中丁에 관아에서 제수를 공급해 고을 안의 유생들에게 제사를 지내게 했다. 제단에 수직인守直人(지키는 사람) 한 명을 배치하고 수호하게 했다.

안정구安廷球, 1803-1863 《재향지梓鄕誌》

금성단의 내력이 매우 상세합니다. 단종의 복위 사건에 앞장선 금성대군의 제단은 충절의 상징이 되어서 이곳을 지나는 선비들은 반드시 참배를 했습니다.

금성대군은 세종의 여섯째 아들로서 수양대군의 동생입니다. 형의 왕위 탈취에 반대하다가 순흥(오늘날의 영주)으로 유배를 왔습니다. 순흥부사와 영남 인사들과 뜻을 모아 군사를 일으키려다 실패하고 결국 처형당했지요.

천년의 순흥부에　　　　　千年順興府

한 조각 금성단이 있는데　一片錦城壇

자규는 어디서 우는가　　　子規啼何處

근심 어린 옛 능이 차갑네　愁殺舊陵寒

박태무朴泰茂, 1677-1756　〈금성단을 방문하다(過錦城壇)〉, 《서계집西溪集》

박태무는 영남 출신으로 평생 벼슬에 나가지 않고 학문에만 전념했던 문사였습니다.

자규子規는 두견새를 달리 부르는 별칭입니다. 여기에 자규를 언급한 것은 단종이 영월로 쫓겨났을 때 〈자규사子規詞〉를 지어서 자신의 처지를 두견새에 빗댄 적이 있기 때문입니다. 자규는 촉蜀나라 왕 망제望帝 두우杜宇가 왕위에서 물러난 후 다시 돌아가지 못하고 죽어서 그 혼이 새가 되었다는 사연을 지니고 있습니다.

봄풀이 무성하게 푸른 제단에 오르고 　　　　春草萋萋上碧壇

옛 비석 주인 없어 석양이 저무네 　　　　　古碑無主夕陽殘

유혼의 한은 동으로 흐르는 물에서 오열하고 　幽魂恨咽東流水

선침의 구름은 북쪽으로 껴안은 산봉우리에 통하네 　僊寢雲通北擁巒

고목에 봄이 돋는 것은 오히려 쉬운데 　　　　枯木生春猶或易

끊긴 들에 원한 묻는 것은 또 마땅히 어렵네 　　斷原埋怨也應難

몸은 죽어도 뜻을 결단함이 남아의 일인데 　　身殲志決男兒事

촉백 울음 쓰라리고 밤 달은 차갑네 　　　　蜀魄聲酸夜月寒

박태무　〈금성단〉, 《서계집》

유혼幽魂은 죽은 사람의 혼령으로 금성대군을 말하고, 선침僊寢은
능과 묘를 아름답게 이르는 이름입니다. 촉백蜀魄은 촉혼蜀魂, 또는 망
제혼望帝魂이라고도 하는데 두견새의 다른 이름이지요. 촉나라 망제의
혼이 두견새가 되었다는 전설 때문에 붙여진 것입니다. 여기서는 금성
대군의 혼령을 말하는 것입니다.

압각수가 죽었다 살아난 사건은 기이하고 　　鴨脚枯榮事故奇

금성의 제단은 죽계의 물가에 있네 　　　　　錦城壇堳竹溪湄

두우성에 차례로 원한이 사라지니 　　　　　牛斗次第寃氛歇

이 땅에 큰 비석을 세운 것을 지나면서 보네 　此地行看峙大碑

권만　〈동막에 가서 묘소에 참배하다〔詣東幕灑掃〕〉, 《강좌집江左集》

권만은 양산군수를 지냈는데 봉화 유곡리 출신입니다. 이 시에서 보듯 금성단을 읊을 때는 항상 그 옆에 서 있는 은행나무를 함께 이야기하게 마련입니다. 은행나무가 금성대군의 사건과 삶과 죽음을 함께 했기 때문입니다.

단종의 복위 사건에 앞장선 금성대군의 제단은
충절의 상징이 되어서 이곳을 지나는 선비들은
반드시 참배를 했습니다.

순흥 고을의
개와 닭과 초목까지
삼십 리 핏물 속으로 들어가다

압각수는 고을 북쪽 오 리 영귀봉 서쪽에 있다. 예부터 전하기를 "흥녕興寧 옛터에 은행나무 오래된 등걸이 있는데 늙어서 그 연대를 알지 못한다. 주신재周愼齋(주세붕)의 《죽계지竹溪誌》에서 '압각수'라고 말한 것이 바로 이것이다. 숭정崇禎 기사년1629, 인조 7에 화재로 불타고, 다만 남은 반쪽 흰 줄기의 높이가 몇 길(약 3미터) 남짓이었는데 껍질은 벗겨지고 뼈를 드러낸 채 서 있은 지가 오래되었다. 일찍이 어떤 술사術士가 지나가다가 그 줄기를 가리키며 '이 나무가 다시 살아나면 반드시 순흥부順興府가 회복되리라.'라고 했다. 그런데 계미년1643, 인조 21부터 뿌리에서 생기가 올라와서 점차 껍질이 생기고, 잎과 가지가 점점 뻗어 나와서 사람들이 이상히 여겼다. 그리고 임술년1682, 숙종 8과 계해년1683, 숙종 9 사이에는 나무가 이미 무성해졌고, 고을도 비로소 회복되었다."라고 했다. 은행나무는 잎이 오리발 모양과 같아서 '압각수'라고 한 것이다. 지금 금성단이 이 나무 동편에 있다.

조덕상趙德常이 지은 〈은행수기銀杏樹記〉에 "(전략) 영남의 흥주부興州府는 예전에 죽계 옆의 영귀봉 서쪽에 있었는데 읍내 안에 한 그루의 은행나무가 있었다. 그것을 심은 지가 몇 년이 되었는지 알 수 없었으나, 한 고을 백성들이 모두 소중하게 보호해 온 지 오래이다. 지난 경태景泰 정축년 1457, 세조 3에 대전大田 이보흠이 단종의 옛 신하로서 순흥부사가 되었고, 금성대군도 또한 이 고을에 귀양 와서 살았다. 함께 충의忠義로 격려하고 서로 금환金環을 주고받고, 천명과 인심이 이미 정해졌다고 여기지 않고 반드시 옛 임금을 위해 한 번 죽어서 육신六臣이 남긴 의열義烈을 계승해 만세에 사람이 지켜야 할 도리인 강상綱常을 세우려고 했다. 격서檄書를 아침에 기천基川(오늘날 경상도 풍기군)으로 보냈는데 철갑을 입은 기병이 저녁에 죽령竹嶺을 넘어오니, 한 고을의 개와 닭과 초목까지 모두 삼십 리 핏물 속으로 들어갔다. 이에 은행나무도 절로 말라 죽었다. 산천은 슬픈 빛을 띠고 천지는 원통한 기운에 잠겼으며, 길을 가는 사람은 폐허를 지나면서 상심하고 마을 아이들은 나무를 껴안고 눈물을 훔쳤다. 감히 은행나무를 잘라서 없애 버리려는 사람은 없었지만 바람과 비에 부러지고 들불에 타서 껍질은 벗겨지고 속은 비어서 남은 것은 다만 두어 길 되는 오래된 뿌리뿐이었다. 일찍이 어떤 노인이 지나가다가 말하기를 '홍주 고을이 폐지되어 은행나무가 죽었으니 은행나무가 살아나면 홍주가 회복될 것이다.'라고 했다. 고을 백성들이 그 말에 감개해 입으로 전해 온 것이 대개 227년이었다. 신유년1681, 숙종 7 봄에 새 가지가 비로소 뻗어나고 조밀한 잎이 점차 퍼지더니 3년이 지난 계해년에 과연 홍주부를 회복하라는 명이 있었다. 올해 정축년1757, 영조 33까지 70여 년이 지났는데 긴 가지와 늙은 줄기가 완연히 한 그루 교목이 되었다. (중략) 은행나무 아래 세 개의 단壇을 설치하고 금성대군과 이보흠 및 함께 순사殉死한 분들을 해마다 제사하라는 명을 내리니, 우리 임금께서 교화를 세운 아름다운 규범은 흥주 고을을 회복시킨 숙종대왕의 성대한 일에 필적하는 덕업이다. 두 분의 빛나는 영혼도 또한 은행나무의 생생한 기운과 함께 길이 남아 없어지지 않지 않겠는가. 거듭 이를 감탄하는 바이다."라고 했다.

안정구 《재향지》

흥녕과 흥주는 순흥의 옛 이름입니다. 수양대군의 왕위 탈취에 반대하는 금성대군의 거사가 실패해 연루된 사람들이 모조리 처형되고, 심지어 순흥 고을의 개와 닭과 초목까지 모두 삼십 리 핏물 속으로 들어갔다고 했습니다. 얼마나 많은 희생자들의 피가 죽계를 붉게 물들였나 상상할 수 있습니다. 그 참혹한 광경을 목격한 은행나무는 갑자기 말라 죽고 말았습니다. 고을은 폐지되어 지도에서 지워졌습니다.

그런데 언제부터인가 은행나무가 살아나면 흥주가 다시 회복될 것이라는 말이 떠돌기 시작했습니다. 그러나 오랜 세월이 흐르도록 나무는 살아날 조짐이 없었지요. 그러다 227년 만에 기적이 일어나서 죽은 나무에서 새 움이 돋아나고, 그 3년 후에 고을은 다시 회복되었습니다.

● 금성대군이
위리안치되었던 곳에
찬 그림자가 흔들리네

고목의 줄기는 구름을 뚫고 학 둥지를 이고 있는데	古榦凌雲戴鶴巢
몇 번이나 영고성쇠를 겪었던가 가지가 반은 없네	幾經榮悴半無梢
순흥의 옛 문물은 모두 없어졌지만	興州舊物都澌盡
한 그루 은행나무가 의연하게 늙은 교룡 같네	一樹依然似老蛟

황섬黃暹, 1544-1616 〈옛 순흥의 압각수[古順興鴨脚樹]〉

임진왜란 때 공을 세우고, 대사헌을 지낸 황섬의 시입니다. 황섬의
고향은 지금의 영주시 풍기읍인데, 그가 살았던 당시는 순흥이 행정
구역에서 사라져 풍기 및 이웃 고을로 들어가게 되었습니다. 황섬은 이
시에 붙인 설명에 "나이 든 노인들이 전하기를 은행나무가 말라 죽었
다가 다시 살아난 것이 몇 번인지 모른다고 했다."라고 했습니다.

한 나무가 어찌 오랫동안 생기가 없었던가	一樹曾何久不春
해마다 비와 이슬이 무심한 듯 새로웠네	年年雨露等閒新
밤 달빛 속 원조가 우는 것이 마땅히 가련하니	應憐夜月啼冤鳥
바로 선조에서 의리로 죽은 신하를 위함이네	正爲先朝死義臣

다행히 무성한 꽃을 가지 위에 토함을 보니	幸見榮華枝上吐
천지가 본래 어진 것을 알 수 있네	可知天地本來仁
황량한 제단은 삼월 향기로운 연기 속에 있고	荒壇三月香煙裏
나무는 예전처럼 우거져 죽계의 물가에 있네	依舊童竹水濱

박태무 〈압각수〉, 《서계집》

원조寃鳥는 두견새의 다른 이름입니다. 죽은 나무에서 새로운 생명
이 피어난 것은 천지의 도리가 본래 어질다는 증거입니다. 천지가 어질
기 때문에 충신의 제단에 향이 오르고 나무는 푸르게 다시 녹음이 진
것이 아니겠습니까?

백운동에서 밤에 묵고	夜宿白雲洞
제월교를 건너서	行過霽月橋
추운 날 고목을 찾아가려고	寒天尋古木
아침 햇살 속에 새벽 나무꾼을 쫓아가네	朝日趁晨樵
죽계의 근원 물줄기는 멀고	竹水源派逈
상전벽해의 세월은 아득하네	滄桑歲月遙
나그네가 지난 일을 물어보니	行人間往躅
시골 노인이 이전 조정의 사건을 말해 주네	野老說先朝
압각수에 새싹이 돋아나서	鴨脚抽新葉
용 비늘이 예전 불탄 등치를 에워쌌네	龍鱗抱舊燒

영고성쇠의 나랏일과	枯榮邦國事
고을의 흥폐가 동요로 불리네	興廢邑童謠
물성이 어찌 이와 같은가	物性寧如此
천심이 본래 스스로 밝기 때문이네	天心本自昭
맑은 바람은 대낮에 불고	淸飋吹白日
검은색이 푸른 하늘에 올랐네	黛色上蒼霄
밤비에 푸른 이끼가 돋고	夜雨生靑蘚
봄바람에 초록 가지가 자라네	春風長綠條
금성대군이 천극(위리안치)되었던 곳에	錦城栫棘地
찬 그림자가 흔들림을 보네	寒影看搖搖

권만 〈금성단을 찾아갔다가 압각수를 방문했다[過錦城壇 訪鴨脚樹]〉, 《강좌집》

백운동은 소수서원이 있는 곳입니다. 제월교는 소수서원에서 금성단 사이에 흐르는 죽계에 놓인 돌다리이지요. 1710년에 세웠던 '죽계제월교竹溪霽月橋'라는 비석이 지금 소수박물관에 소장되어 있습니다. 제월교는 흔히 '청다리'라고 불리는데 금성대군의 거사가 실패한 후 사건에 관련된 수백 명의 순흥 고을 인사들과 그 가족들이 처형당했던 장소입니다. 위리안치圍籬安置는 유배를 온 죄인이 지내는 집 둘레에 가시로 울타리를 치고 그 안에 가두어 두던 일을 말합니다.

매화에 부친
처사의 꿈

안동 도산서원陶山書院의 봄은 매화로부터 옵니다. 이곳의 매화는 대부분 근래 심어 놓은 어린 나무들입니다. 그중에 몇 그루 오래된 고매古梅가 있어서 다행입니다. 물론 세월이 지나면 많은 고매들이 도산의 주인을 생각나게 할 것입니다.

도산의 주인 퇴계 이황은 자신의 뜻을 매화에 부쳤습니다. 퇴계는 평생 107수의 매화시를 지었는데 이 가운데 91수의 시를 손수 베끼어 써 별도의 《매화시첩梅花詩帖》을 만들었습니다. 세상을 떠나기 불과 몇 달 전의 일이었습니다.

《매화시첩》에 실린 시는 1542년 42세 때의 작품부터 1570년 70세로
타계한 해의 작품까지 포함되어 있습니다.

마당의 한 그루 매화 가지에 눈이 가득한데　　　一樹庭梅雪滿枝

풍진 속에 호해의 꿈이 어긋났네　　　　　　　風塵湖海夢差池

옥당에서 마주 대한 봄밤 달빛 아래　　　　　　玉堂坐對春宵月

기러기 소리 속에 그리움이 흐르네　　　　　　鴻雁聲中有所思

이황　〈옥당에서 매화를 생각하다[玉堂憶梅]〉, 《매화시첩》

《매화시첩》에 실려 있는 첫 번째 시입니다. 42세 때 지은 것이지요.
옥당은 홍문관弘文館을 달리 부르는 이름입니다. 퇴계의 〈연보〉에 따르
면, 이해 2월에 홍문관 부교리에 임명되었는데 관직에서 물러날 뜻을
지니고서, 봄날 옥당에서 숙직을 하며 지은 시라고 합니다.

　퇴계가 처음으로 관직에서 은퇴할 생각을 한 때가 바로 이 시를 쓴
시기였다고 할 수 있습니다. 퇴계는 이듬해 사직서를 올렸으나 뜻을 이
루지 못했지요. 다시 을사사화乙巳士禍 후 병을 핑계로 사직하고 1546년

안동에 있는 고향 토계兎溪로 돌아왔습니다. 그곳 동암東巖에 양진암養
眞庵을 지어서 독서의 장소로 삼고, 토계를 퇴계退溪로 고쳐 자신의 호
로 삼았습니다. 관직에서 물러난다는 의미를 나타낸 것입니다. 그러나
이 또한 영원한 은퇴가 되지 못했습니다. 이후 조정의 부름에 응하고
사직한 것이 거의 스무 번에 이르렀지요.

정사년에서 신유년에 이르는 5년 사이에 당堂과 사舍 두 집이 대략 완성되
어 깃들 만했다. 당堂은 모두 세 칸으로 중간 한 칸을 완락재玩樂齋라고 했
는데, 주선생朱先生(주희)의 〈명당실기名堂室記〉 중에서 "즐겨 구경해 족히
내 죽을 때까지 싫어하지 않으리라."라는 말을 취한 것이다. 동쪽 한 칸은
암서헌巖栖軒이라 했는데, 주선생의 〈운곡시雲谷詩〉 가운데서 "스스로의
믿음을 오래 할 수 없어서, 바위굴에 깃들어 작은 효과를 바라노라."라는
말을 취한 것이다. 또 합해 편액을 도산서당陶山書堂이라 했다.
사舍는 모두 여덟 칸인데, 재齋는 시습時習이라 했고, 요寮는 지숙止宿이라
했고, 헌軒은 관란觀瀾이라 했고, 합해 편액을 농운정사隴雲精舍라 했다.
서당의 동편에 작은 네모난 못을 파서 그 안에 연꽃을 심고 정우당淨友塘
이라 했다. 또 그 동쪽은 몽천蒙泉인데, 샘 위 산기슭을 파서 암서헌과 마
주 보고 평평하게 하고, 단壇을 쌓아서 매화, 대나무, 소나무, 국화를 심고
서 절우사節友社라 했다. 서당 앞 출입처는 사립문으로 닫고서 유정문幽貞
門이라 했다.

이황 〈도산잡영 병기陶山雜詠 并記〉, 《퇴계집退溪集》

퇴계는 도산서당의 기문과 칠언절구 18수를 지었는데,
순임금과 도연명처럼 검소한 생활 속에서 성현의 도리를
실천하겠다고 했지요.

퇴계는 57세가 된 정사년1557에 비로소 도산서당을 짓기 시작해 5년여
만에 완공했습니다. 그리고 도산서당의 기문과 칠언절구 18수를 지었
습니다.

순임금은 친히 질그릇 구웠어도 즐겁고 편안했고　　　　大舜親陶樂且安

도연명은 몸소 농사지었으나 또한 즐거운 얼굴이었네　　淵明躬稼亦歡顔

성현의 심사를 내 어찌 얻겠는가　　　　　　聖賢心事吾何得

늙어서 돌아와 고반을 시험하네　　　　　　白首歸來試考槃

이황　〈도산서당〉, 〈도산잡영 병기〉, 《퇴계집》

고반考槃은 산수 속에서 은거하며 덕을 이루고 도를 즐기는 것입니다. 퇴계가 왜 도산서당을 지었는지 알 수 있습니다. 순임금과 도연명처럼 검소한 생활 속에서 성현의 도리를 실천하겠다는 것이겠지요.

대나무, 소나무, 매화, 국화와 풍상계를 맺다

솔과 국화는 도연명 정원에서 대나무와　　　松菊陶園與竹三

셋이 되었는데

매형은 어찌해 동참하지 못했던고　　　　　梅兄胡奈不同參

나 지금 모두 함께 풍상계를 맺었으니　　　我今併作風霜契

굳은 절개와 맑은 향기를 실컷 알았다네　　苦節淸芬儘飽諳

이황　〈절우사節友社〉, 〈도산잡영 병기〉, 《퇴계집》

도연명의 〈귀거래사歸去來辭〉에 정원에 세 갈래 오솔길을 내어 소나무와 국화와 대나무를 심었다고 했습니다. 매형梅兄은 매화를 높여 부른 것으로 원래 송나라 황정견黃庭堅이 사용했던 말인데 퇴계 또한 매화를 존중해 즐겨 썼습니다. 풍상계風霜契는 바람과 서리 속에서도 지조와 절개를 변치 않는 교유를 말합니다. 도연명은 세 벗과 풍상계를 맺었지만 퇴계는 여기에 매화를 더했습니다.

동산 오솔길에 재배해 하나가 셋을 대하니	壇徑栽培一對三
대나무 소나무 매화 국화가 함께 참여했네	竹松梅菊便相參
바람서리 비이슬에 영화와 시듦이 다른데	風霜雨露殊榮落
조화의 미묘한 기미를 다행히 절로 아네	造化微機幸自諳

기대승奇大升, 1527-1572   〈절우사節友社〉,《고봉집高峯集》

고봉高峯 기대승은 퇴계의 〈도산잡영〉 18수에 차운했는데 그중 한 수입니다. 고봉은 퇴계와 함께 12년 동안 편지를 주고받으며 철학 논쟁을 벌였는데 많은 시문 또한 주고받았습니다.

몸을 숨김은 빈 골짜기로 도망치려는 것이 아니고	收身非欲慕逃虛
뜻을 닦음은 오직 처음을 회복하려는 것이네	勵志唯應冀復初
예전 현인의 마음 밝음을 멀리서 상상하니	緬想前修心炯炯
한 헌당의 거처가 세속 인연을 멀리하네	一軒棲息俗緣疏

기대승　〈암서헌巖棲軒〉, 《고봉집》

이 시도 퇴계의 〈도산잡영〉에 차운한 것입니다. 퇴계의 물러남은 단지 은거라는 명성을 위한 것이 아니고 초심으로 돌아가서 성인과 현인의 뜻을 구현하려는 것이라고 했습니다.

퇴계가 관직에서 은퇴하자 퇴계를 존경하던 명종은 여러 번 퇴계를 조정으로 소환했습니다.

독서당讀書堂에 술을 하사하고 '현인을 불러도 오지 않아 탄식하다[招賢不至嘆]'라는 어제御題를 내고 율시律詩로 짓게 했는데 어필御筆로 주를 달기를 '이황을 가리킨다.'고 했다. 【이황은 타고난 자품이 순수하고 학식이 뛰어났다. 젊어서부터 선현先賢의 위기지학爲己之學에 뜻을 두어 마음으로 생각하고 힘써 실천해 뜻을 맑게 가지고 행실을 독실하게 했다. 권세를 쥔 간신들이 정권을 도맡아 국사가 날로 어려워질 때 그는 결국 병을 핑계 삼아서 경상도 예안禮安 지방으로 물러가 살았다.

여러 번 조정의 소명을 받았으나 모두 거절하고 나가지 않았으며, 혹 나갔다 해도 곧 돌아오곤 했다. 식량이 자주 떨어졌으나 조금도 개의치 않았고 날마다 경서를 연구하고 도를 즐기는 것으로 일을 삼았다. 중년 이후에는 소견이 더욱 밝고 얻은 바가 매우 높았다. 학문이 심오하고 실천이 투철했으니 비록 박문博文, 약례約禮를 둘 다 극진히 했다 이르더라도 옳을 것이다. 지금 권세를 휘두르던 간신들이 자취를 감추자 상(임금)이

정신을 가다듬어 정치를 하니 국정이 날로 새로워졌다.

이 무렵 이황의 문장 도덕이 한때 으뜸간다고 추천한 자가 있자 봄 초엽부터 전지를 내려 불렀는데, 이황은 신병이 쌓였을 뿐만 아니라 출처 문제를 놓고 매우 염려한 나머지 본도에서 여러 번 사퇴했다. 그러자 위에서는 어의御醫를 급파해 진찰케 하는 등 임금의 총애가 집중했는데도 끝내 소명에 응하지 않았다. 그런 이유로 이처럼 시를 짓게 했으니, 대개 은근히 애쓰는 뜻을 보인 것이다.】

《조선왕조실록》명종 21년 병인1566, 가정 6월 15일 갑술 기사

《조선왕조실록》의 기사인데 이보다 앞선 명종 21년 병인1566 5월 22일 기사에서는 "판서 이황을 특별히 부른 것이 한두 번이 아니었으나 이황이 병으로 부름에 응하지 못하자 주상께서 궁중에서 은밀히 화공畫工에게 명해 이황이 살고 있는 도산陶山의 경치를 그려서 올리도록 했다. 항상 이황을 아끼는 마음이 있었기 때문에 그가 살고 있는 곳을 그림으로 그려서 보았으니 어진 이를 좋아하는 정성이 어떻다 하겠는가. 나라 안팎의 사람들이 미담美談으로 여겨 항간巷間에 전파했다."라고 했습니다.

퇴계는 임금의 부름도 사양하고 도산서당을 지켰습니다. 그가 특히 마음 부친 것은 매화였습니다.

운치와 격조가 맑지만 수척함이 심한 것은　　　　　韻格淸癯甚

얼음 서리에 모진 화난을 당한 후이기 때문이네   氷霜慘刻餘

화답해 일찍이 삼첩시를 외람되게 했고   和曾三疊僭

재배해 오히려 백 그루가 성그네   栽尙百株疎

우연히 작은 강적(피리)의 곡으로 들어갔고   偶入小羌笛

두루 고사의 오두막에 심기가 적합하네   偏宜高士廬

사람에게 더욱 싫증을 나게 하는 것은   令人益生厭

장미와 작약이 어지럽게 피어나는 것이네   薇藥欲紛如

이황 〈매화를 읊다[氷梅]〉, 《매화시첩》

퇴계는 임금의 부름도 사양하고 도산서당을 지켰습니다.
그가 특히 마음 부친 것은 매화였습니다.

이 시에 대해 퇴계가 스스로 단 주석에 "주선생이 일찍이 동파東坡의 〈송풍정매화시松風亭梅花詩〉에 화답했는데, '매화가 스스로 삼첩곡으로 들어갔네[梅花自入三疊曲]'라는 말이 있었다. 대개 동파시 세 편은, 선생이 두 번 하답해 모두 여섯 편이다. 편편마다 모두 신선의 풍모와 도인의 운치가 있어서 매번 한번 외어 보면 사람에게 구름을 뚫는 원대한 기상을 지니게 해서 그 흠모하고 애락愛樂하는 정을 이길 수가 없다. 나역시 일찍이 동호매東湖梅에 두 번 화답했고, 도산매陶山梅에 한 번 화답했는데, 외람됨을 어찌 말로 할 수 있겠는가? 범석호范石湖(범성대)는 석호石湖의 설파雪坡에 매화 수백 그루를 심었고, 또 범촌范村에 심은 매화는 더욱 많다. 장약재張約齋(장자)는 옥조당玉照堂에 매화 삼사 백 그루를 심었다. 대개 빼어난 정취와 맑은 감상은 그 많음을 꺼리지 않는다. 내가 계장산사溪莊山舍에 매화를 심은 것은 겨우 십여 그루인데, 장차 점차 넓혀 가서 백 그루에 이르게 할 참이다. 그래서 언급한 것이다."라고 했습니다.

소동파의 〈송풍정매화시〉는 매화시 중에서 걸작으로 평가되는데 모두 세 편이어서 삼첩시라고 불립니다. 주희朱熹는 이 소동파의 시에 차운해 여섯 편을 지었습니다. 퇴계도 또한 소동파의 시에 차운해 세 편을 지었습니다.

남송南宋의 석호石湖 범성대范成大는 수백 그루의 매화를 심어 매화동산을 경영했습니다. 또한 매화의 여러 품종을 소개한 것으로 유명한 《범촌매보范村梅譜》를 지었지요. 남송의 약재約齋 장자張鎡도 수백 그

중국 항주杭州 서호西湖 군산群山에 있는 임포 묘지.
비석에 임화정처사지묘林和靖處士之墓라고 쓰여 있습니다.
화정은 임포의 졸호卒號이지요. 송나라 임포는 서호의
고산에 은거하며 매화를 심고 학을 기르며 살았습니다.

루 매화를 가꾸었는데 매화를 노래한 〈옥조당매품玉照堂梅品〉을 지었습니다.

퇴계는 범성대와 장자처럼 장차 도산서당에 백 그루의 매화를 심어서 매화동산으로 만들겠다고 했습니다.

앞의 시에서 언급한 고상하여 세속을 벗어난 사람, 고사高士는 송나라 임포林逋입니다. 임포는 서호西湖의 고산孤山에 은거하며 결혼하지 않고 매화를 심고 학을 기르며 살았습니다. 수십 년 동안 고산을 벗어난 적이 없었지요. 그래서 사람들이 매화를 처로 삼고 학을 자식으로 삼았다고 '매처학자梅妻鶴子'라고 했습니다. 임포는 인품과 학식이 고상하고 많은 매화시를 남겨서 동아시아의 명실상부한 매화 주인으로 인정받았습니다. 매화가 초야에 묻혀 사는 선비를 말하는 처사處士를 상징하게 된 것은 임포 때문이었습니다.

● 평생 매화를
   사랑하는 처사로 남겠다

배를 돌려 돌아오니 학이 사람을 따르고   返棹歸來鶴趁人

매화 옆에서 한가하게 앉으니 절로 맑고 참되네   梅邊閒坐自淸眞

| 문 앞엔 또한 비범한 객일 터인데 | 門前想亦非凡客 |
| 어찌해 달아나서 오히려 몸을 숨기는가? | 底事逡巡尙隱身 |

이황 〈고산의 매화에 숨은 은자[孤山梅隱]〉, 《매화시첩》

《매화시첩》에 실린 그림에 적은 시입니다. 퇴계는 스스로 단 설명에 "그림 속에는 배를 돌리고 학이 돌아오는데 문 앞에는 객이 없다."라고 했습니다. 임포가 배를 타고 서호로 나가면 동자가 집을 지키고 있다가 객이 오면 학을 날려서 임포에게 알렸다고 합니다.

서호에서 배 저어 돌아옴을 학이 알리는데	一棹湖遊鶴報還
맑고 참된 매화와 달빛에 서성였다고 하네	淸眞梅月稱盤桓
위야의 은거가 참된 은거가 아님을 비로소 알겠으니	始知魏隱非眞隱
깊은 거처를 황제가 그려 보도록 했네	賭得幽居帝畫看

이황 〈고산에서 매화를 읊다[孤山詠梅]〉, 《매화시첩》

이 시 또한 그림에 적은 시입니다. 위야魏野, 960-1019는 송나라의 유명한 은사였습니다. 진종 황제가 그를 예우해 화공에게 그의 은거지를 그려 오게 해서 보았다고 합니다. 그런데 자신의 은거지가 세상에 알려지면 참된 은자이겠습니까?

| 내가 지난날 남쪽에서 노닐며 매화촌을 방문했는데 | 我昔南遊訪梅村 |

바람과 안개 속에 매일매일 시를 짓는   風烟日日銷吟魂
마음에 잠기었네

하늘 끝에서 혼자 마주하고 빼어난 미모에   天涯獨對歎國艷
감탄하고

역로에서 꺾어 부치며 먼짓길 어둠을 슬퍼했네   驛路折寄悲塵昏

근래 한양으로 와서 괴롭게 그리워하며   邇來京輦苦相憶

맑은 꿈이 밤마다 고향집 정원으로 날아가네   清夢夜夜飛丘園

이곳이 바로 서호임을 어찌 알랴   那知此境是西湖

다시 만나 서로 보니 한 웃음이 따뜻하네   邂逅相看一笑溫

향기로운 마음이 적막하게 저무는 봄 뒤에 있는데   芳心寂寞殿殘春

옥 같은 모습은 아리땁게 아침 햇살 맞이하네   玉貌婥約迎初暾

학을 동반한 고인은 산을 나서지 않고   伴鶴高人不出山

임금수레를 사양한 정절의 여인은   辭輦貞姬常掩門
항상 문을 닫아 두네

하늘이 늦게 피워 복사꽃과 살구꽃을 압도케 하니   天敎晚發壓桃杏

묘한 곳을 시인의 말로는 다 표현할 수가 없네   妙處不盡騷人言

아리따운 모습에 어찌 철석의 심장이 방해되랴   媚嫵何妨鐵石腸

병든 몸이지만 술동이 들고 감을 사양하지 않으리   莫辭病裏携甖罇

이황 〈동호 독서당의 매화가 늦봄에 처음 피었다. 동파의 운을 사용하다

[東湖讀書堂梅花暮春始開 用東坡韻]〉,《매화시첩》

106

동호 독서당은 서울 옥수동에 있었던 독서당을 말합니다. 동호는 이 일대를 흘러가는 한강을 말하는데 지금의 동호대교가 있는 곳이지요. 학을 동반한 고인은 임포입니다. 임금수레를 사양한 정절의 여인은 한나라 성제成帝 때 반첩여班婕妤를 말합니다. 황제가 그녀와 함께 수레를 타려 하자, 반첩여가 말하기를 "옛 그림 중에 나타난 성군聖君은 모두 어진 신하가 옆에 있고, 혼주昏主(우매하고 졸렬한 임금)는 다만 애첩愛妾이 있었을 뿐입니다."라고 하며 사양했다고 합니다. 철석의 심장은 강직하다는 뜻으로 당나라 송경宋璟, 663-737을 이르는 말입니다. 철석 심장을 가진 강직한 송경은 화려한 언어를 구사해 일찍이 〈매화부梅花賦〉를 지었습니다.

이 시는 소동파의 〈송풍정〉에 차운한 것인데 퇴계는 모두 세 번 차운했습니다. 훗날 퇴계의 9세손 이이순李頤淳, 1754-1832은 소동파의 시 세 편과 주희가 소동파의 시에 차운한 여섯 편, 퇴계가 차운한 세 편과 자신이 차운한 세 편을 묶어서《매화삼첩곡梅花三疊曲》으로 펴냈습니다.

퇴계는 매화시에서 고산의 임포를 빈번하게 언급하고 있습니다. 그의 〈매화가 답하다[梅答]〉에 "나는 포옹이 환골탈태한 신선인데, 그대는 돌아온 학이 요동 하늘로 내려온 듯하구려[我是逋翁換骨仙 君如歸鶴下遼天]"라고 했는데, 매화는 임포가 변한 환신이고, 자신은 신선의 학이라고 한 것입니다. 이처럼 퇴계는 고산에서 은거했던 임포처럼 평생 매화를 사랑하며, 초야에 묻혀 사는 처사로 남을 것을 맹세했지요.

퇴계가 세상을 떠난 후 도산서당은 도산서원으로 변해 규모가 수배나 커졌습니다. 산림처사의 조촐한 거처였던 곳이 호화로운 빌딩이 된 격입니다. 지하에 있는 도산의 주인이 기뻐할 일인지 모르겠습니다.

지금 도산서원 담장 아래 곳곳에 조경을 위해 수십 그루의 모란을 줄지어 잔뜩 심어 놓았습니다. 잠깐 봄을 알렸던 매화가 떠나가면 곧바로 모란이 화려하게 피어날 것입니다. 그 눈부시게 아름다운 광경이 생각만 해도 눈앞에 선합니다.

하지만 퇴계는 일찍이 "사람에게 더욱 싫증을 나게 하는 것은 장미와 작약이 어지럽게 피어나는 것이네."라고 읊었습니다. 그런데 예로부터 부귀와 출세를 상징해 온 모란은 말할 것이 있겠습니까? 도산서당에 백 그루의 매화를 심어 매화동산을 만들려고 했던 퇴계의 꿈은 아직 이루어지지 않은 듯합니다.

6백 년 된
매화에 얽힌
여러 이야기

경상남도 산청군 단성면 운리마을은 지리산 깊숙한 곳입니다. 마을 입구에는 잘생긴 삼층석탑 두 기가 서 있는데, 이외에는 절이 있던 흔적을 전혀 찾아볼 수 없습니다. 이미 오래전에 폐사가 되어 과거의 절터에는 사람들이 사는 집이 많이 들어서고 주변 모두 밭이 되어 버린 탓입니다.

기록에 따르면 단속사斷俗寺는 조선 중기까지 큰 절이었습니다. 신라시대 748년에 대내마大奈麻 이순李純이 세웠다는 설과 763년에 신충信忠이 세웠다는 설이 있습니다.

또 이 근처에는 신라 최치원崔致遠이 세상을 널리 구제하는 바위 문을 뜻하는 광제암문廣濟嵒門을 바위에 새겨 놓은 각석刻石이 있는데 절 안에 최치원의 독서당이 있었다고 합니다. 그동안 이곳을 서너 번 찾

기록에 따르면 단속사는 조선 중기까지 큰 절이었습니다.

마을 입구에는 잘생긴 삼층석탑 두 기가 서 있습니다.

아왔습니다. 단속사의 유적을 보러 온 것은 아니고 6백 년이 되었다는 고목의 매화를 보기 위해서였지요.

하늘의 뜻을 십이월 전
매화에서 보네

지난해 영남嶺南에서 실의에 빠져 곤궁하게 지낼 때 두류산頭流山(지리산)을 유람하려 했다. 먼저 단속사에 갔는데 그 안에 옛 누대가 있었다. 누대 앞에 매화 두 그루가 있는데 키가 한 장 남짓이었다. 아래에는 오래된 그루터기가 있는데 그 없어지지 않은 부분이 반 척이었다. 절의 중이 정당매政堂梅라고 했는데, 그렇게 이름이 지어진 이유를 물어보니, 곧 대답하기를 "강통정姜通亭이 젊은 시절에 손수 심었는데, 그 후 벼슬을 해서 관직이 정당문학政堂文學에 이르렀으므로 그렇게 이름 붙였다."라고 했다. 정당이 죽은 지 백여 년이 되었을 때 매화도 또한 늙어 죽음을 면하지 못했다. 그 증손 용휴用休 씨가 춘부椿府 진산군晉山君(강희맹: 용휴 강귀손의 아버지)의 명을 받고 와서 유적을 찾았는데 개연히 더욱 감개했다. 마침내 그 옆에 새 뿌리를 심었는데 지금 이미 십 년이 되었다. 정당에게만 손자가 있는 것이 아니라 매화도 역시 자손이 자라게 되었다.

당시는 바야흐로 초여름이어서 은근한 향기가 없었다. 나는 손으로 낮은 가지를 붙잡고 푸른 열매를 장난 삼아 따서 먹었다. 그로 인해 중이 기록해 한 고사故事로 삼겠다고 말했다. 그로부터 8년 후에 용휴 씨는 정원政院에 들어가서 승지承旨가 되고, 나는 하관랑夏官郎이 되어서 정원에서 아침저녁을 함께했다. 하루는 제공諸公들이 지은 정당매의 시와 문을 보여 주면서 나에게 발문을 써 달라고 했다.

(중략) 식물 중에서 심을 만한 것이 하나가 아닌데 통정은 어려서부터 성품이 매화에 마음이 맞아서 반드시 가져다가 심은 것이다. 진산군은 유아儒雅(학식이 넓은 문인)로서 세상에서 학문에 밝고 글을 잘 짓는 종장으로 받들어졌고, 형 경우景愚(강희안) 씨는 《양화록養花錄》을 저술해 꽃을 품평했는데 매화를 으뜸으로 삼았다. 승지공(강귀손)은 조부의 뜻을 이어 더욱이 매화를 더욱 애타게 그리워하며, 오직 시들어 꺾어질까 두려워했다. 그 집안이 대대로 숭상했던 풍류의 품격을 또한 상상해 볼 수 있다.

나는 몸이 작은 봉록에 매어서 꿈속에서 고향을 그리워했는데 갑자기 편양便養(늙은 부모를 편하게 부양하는 것, 노부모를 모신 관리가 지방관이 되는 것을 말함)을 얻어서 남쪽으로 귀향하게 되었다. 단속사로 옛 유람을 찾게 되었는데 달은 지고 삼성參星은 비껴 있어서 성근 그림자[疏影: 매화를 한 번 읊은 후, 절의 중에게 부탁해 지금부터 정당매라고 부르라고 했다.

김일손金馹孫, 1464-1498 〈정당매시문후政堂梅詩文後〉

김일손은 1489년에 지리산을 여행하고 〈두류기행록頭流紀行錄〉을 남겼는데 그 기행문 속에 단속사를 찾아가서 구경한 내용이 상세합니다. 김일손은 이때 처음 정당매라는 매화를 보았습니다. 8년 후에 김일손은 강희맹姜希孟, 1424-1483의 아들 용휴 강귀손姜龜孫, 1450-1505과 조정에서 같이 근무하게 되었는데 강귀손에게 〈정당매시문政堂梅詩文〉의 후기를 청탁받습니다.

〈정당매시문〉은 강귀손이 조정의 여러 관리에게 증조부 통정 강회백姜淮伯, 1357-1402의 매화시에 대한 시문을 쓰게 해 책으로 묶은 것입니다. 자신의 조상을 빛나게 하려는 의도였지요. 정당매는 고려 때 정당문학을 지낸 강회백이 벼슬에 나가기 전 단속사에서 독서하던 시절에 심은 매화입니다. 그때 강회백은 다음과 같은 시를 지었습니다.

한 기운이 순환해 갔다가 다시 오니	一氣循環往復來
하늘의 뜻을 섣달 전 매화에서 보네	天心可見臘前梅
곧 은나라 솥의 국에 간 맞추는 열매가 될 터인데	直將殷鼎調羹實
헛되이 산속에서 떨어지고 또 피는구나	謾向山中落又開

시의 제3구는 《서경書經》의 문장을 취한 것입니다. 은나라 고종高宗이 부열傅說을 정승으로 임명하면서 "국을 끓이면 너를 소금과 매실식초로 삼아 국의 간을 맞추겠다."라고 했습니다. 그래서 국에 간을 맞춘다는 조갱調羹은 정승으로서 국사를 다스린다는 뜻이 되었지요.

강회백은 이 매화시에 출세해 재상이 되겠다는 자신의 뜻을 담았습니다. 과연 강회백은 나중에 정당문학이라는 정2품의 고관이 되었습니다. 그래서 단속사 중들은 강회백이 심어 놓은 매화를 정당매라고 부르며 애지중지 돌보았다고 합니다. 그런데 백 년 뒤에 강회백이 심었던 매화가 죽어 버려, 그 증손자 강귀손이 다시 심었다고 합니다. 그 후 그 자손들이 대대로 매화를 가꾸어 오늘에 이른 것이지요.

후세에 이 정당매를 시로 읊은 사람들이 많았습니다.

지리산 단속사에 정당매가 있는데, 세상에 강통정이 심은 것이라고 전한다. 조남명曺南溟이 다음과 같이 시를 지었다.

절은 부서지고 중은 여위고 산돌은 오래되었는데	寺破僧羸山石古
선생은 스스로 집안을 지켜 내지 못했네	先生自是未堪家
조화옹은 진정 한매의 일을 그르쳐서	化工定誤寒梅事
어제도 꽃을 피우고 오늘도 꽃을 피웠네	昨日開花今日花

대개 그 절의를 잃은 것을 조롱한 것이다.

이제신李濟臣, 1536-1583 〈청강선생시화淸江先生詩話〉
《청강선생후청쇄어淸江先生鯫鮬瑣語》

강회백은 고려에서 높은 벼슬을 지냈고, 조선에 들어와서도 벼슬에 나가 동북면도순문사가 되었습니다.

남명 조식曺植이 시에서 집안을 지켜 내지 못했다고 한 것은 고려 왕
실을 지키지 못했다는 것입니다. 어제도 꽃 피고 오늘도 꽃이 피었다
는 것은 고려의 조정에서도 벼슬하고 조선의 조정에서도 벼슬을 해 그
지조와 절개를 잃었다는 것이지요.

◦ 오랜 세월
고고하게 피어 온
정당매

성근 그림자 못에 임해 섣달 추위 깨뜨리니	疏影臨池破臘寒
늙은 가지를 어찌 정당에게 붙잡혔던가	老梢爭爲政堂攀
가련한 옥색의 빙상 얼굴이	可憐玉色氷霜面
봄을 다투는 복사꽃 살구꽃 얼굴로 바뀌었네	換作爭春桃杏顔

황준량黃俊良, 1517-1563 〈무릉과 퇴계가 이름을 붙인 여러 봉우리
시에 차운하다[次武陵退溪所名諸峯韻]〉, 《금계집錦溪集》

이 시에 붙인 황준량의 설명에 "정당매를 읊은 것이다. 강회백이 심
은 것인데 전조前朝(고려) 때의 일이라고 한다."라고 했습니다. 성근 그림

오랜 세월 연륜을 쌓으며 해마다 고고하게 피어 온 정당매

자, 소영疎影은 매화를 말한 것입니다. 송나라 임포의 〈매화시〉에 "맑고 얕은 물가에 성근 그림자 비껴 있네[疏影橫斜水淸淺]"라고 한 것을 인용한 것입니다.

매화가 섣달 추위 속에 피어났는데 그 늙은 가지가 그만 정당의 손에 붙잡히고 말았습니다. 그리해 옥색의 하얀 얼음과 서리 빛의 얼굴이 봄을 다투는 복사꽃과 살구꽃의 얼굴로 변하고 말았습니다. 참으로 숨김없이 강회백의 변절을 비판한 것이 아닐 수 없습니다.

정당매에 얽힌 인간의 여러 사연이 어찌 되었든 간에 정당매는 오랜 세월 연륜을 쌓으며 해마다 고고하게 피었습니다. 그래서 많은 사람들이 봄이 되면 그 고상하고 우아한 자태를 보려고 이곳 지리산 산골 마을 골목을 찾아옵니다. 나도 그중 한 사람이었지요. 그동안 두어 번 만개한 정당매의 아름다운 모습을 보았고, 꽃 피는 계절에 관계없이 여름이나 가을에도 이곳을 지나가는 기회가 있으면 잠깐 둘러보곤 했습니다.

지난해 초봄 오랜만에 여러 친구들과 산청 3매를 보기로 했는데 뜻밖에 정당매가 두 해 전에 말라 죽었다는 소식을 듣게 되었습니다. 또 산청 3매 중에 원정매도 그 원목이 말라 죽은 지가 오래라고 했습니다. 산청 3매는 정당매, 원정매, 남명매를 말합니다. 원정매는 산청군 남사리에 있는 원정元正 하즙河楫, 1303-1380이 심은 6백 년이 넘는 매화를 말하고, 남명매는 산청군 덕천리에 있는 남명 조식이 심은 매화입니다.

450여 년 된 남명매만 살구나무처럼 커다랗게 우거져 꽃을 피웠습니다. 3년 전만 해도 아름다운 꽃을 피웠던 정당매는 완전히 죽어 버렸고, 원정매는 이보다 더 먼저 10여 전에 원목은 죽고 그 옆에 어린 나무가 자라고 있습니다.

죽은 원정매 앞에 세워져 있는 작은 시비를 읽어 보았습니다. 하즙의 〈매화시〉입니다.

집 북쪽에 일찍이 한 그루 매화 심었는데　　　　　舍北曾栽獨樹梅

섣달에 향기로운 꽃이 나를 위해 피었네　　　　　臘天芳艶爲我開

밝은 창에서 주역 읽으면서 향 사르며 앉으니　　　明窓讀易焚香坐

티끌 한 점도 날아오지 않네　　　　　　　　　　未有塵埃一點來

시 속에 세속을 초월한 경지가 있습니다. 원정 하즙은 고려 때 문하시랑찬성사를 지내고 이곳 고향에 돌아와 말년을 보냈다고 합니다. 6백 년 동안 고택을 지키며 매화를 돌봐 온 후손들의 정성이 참으로 장합니다.

생명이 있는 것은 언젠가는 죽기 마련입니다. 정당매나 원정매가 천리를 어기고 천 년을 살기를 기원할 수는 없습니다. 그러나 그 죽음은 슬프기 짝이 없습니다. 비록 매화는 우리 곁을 떠났지만 이들 매화에 얽힌 여러 사연은 길이 전해질 것입니다.

산청군 남사리에 있는 원정 하즙이 심은 6백 년이 넘은 원정매(왼쪽)
산청군 덕천리에 있는 남명 조식이 심은 남명매(오른쪽)

남강 바위에
서린 넋

경상남도 진주 성문에는 '공북문拱北門'이라는 편액이 걸려 있습니다. 임금이 계신 북쪽을 향해 두 손 모아 경배한다는 뜻입니다. 촉석루矗石樓에 오르니 '영남제일형승嶺南第一形勝'이라는 커다란 편액이 올려다보는 이를 압도합니다. 촉석루 바로 아래는 남강이 흘러가고, 그 강가에 커다란 반석이 있습니다. 바로 의암義巖입니다.

촉석루는 고려 때 세워져서 고려 말에 화재를 입었는데 조선 초에 다시 복구되었습니다. 평양의 부벽루浮碧樓와 함께 명성을 떨친 누대로서 이를 언급한 시문은 다 열거할 수 없을 정도로 많습니다. 더욱이 임진왜란 때 군사 지휘소로서 중요한 역할을 했기 때문에 슬픈 사연을 많이 담고 있지요.

공주, 전주, 광주 등 남쪽 지방의 북쪽 성문에는 거의 모두
'공북문'이라고 쓰인 현판이 걸려 있습니다.

긴 강은 오랜 세월
도도히 흐르니
우리 혼백도 죽지 않으리라

김시민金時敏이 진주목사가 되었을 때 임진년1592, 선조 25에 왜적이 쳐들어왔다. 성을 보수해 적을 방어하니, 왜적은 이기지 못하고 물러갔다. 그 이듬해 6월에 왜적이 다시 진주를 포위했다. 8일 만에 성이 함락되니, 목사 서예원徐禮元, 판관 성수경成守慶, 창의사 김천일金千鎰, 본도병마사 최경회崔慶會, 충청병사 황진黃進, 의병복수장 고종후高從厚 등이 모두 죽었고, 군민軍民이 죽은 자가 6만여 명이고, 소와 말, 닭과 개도 남은 것이 없었다. 적은 성을 허물고 해자와 우물을 메우며 나무를 베어 이전의 분노를 풀었다. 그때는 6월 28일이었다. 이때 밖의 구원병은 이르지 않았고, 또한 김천일이 거느린 군사는 모두 서울의 시정 거리에서 모집한 무리들이었다. 김천일은 또 서예원과 사이가 별로 좋지 않아 서로 시기하며 명령이 제대로 서지 못했다. 이리해 크게 패하게 된 것이다.

김천일, 최경회, 황진 등이 죽음에 이르러 다음과 같이 시를 지었다.

촉석루 아래 세 장사는	矗石樓下三壯士
술잔 들고 웃으며 긴 강물을 가리키네	一杯笑指長江水
긴 강은 오랜 세월 도도히 흐르니	長江萬古流滔滔

물결 다하지 않고 우리 혼백도 죽지 않으리라　　　　波不竭兮魂不死

정약용　《목민심서牧民心書》

정약용이 《목민심서》에 임진왜란 때인 1593년 제2차 진주성 전투를 기술한 글입니다. 이 전투에서 왜적은 지난해 당한 큰 패배에 대한 복수심으로 대공세를 가해 우리 군민 6만 명을 남녀노소 가리지 않고 잔혹하게 학살했습니다.

정약용은 촉석루와 각별한 인연이 있습니다. 그의 장인 홍화보洪和輔가 경상우도 병마절도사로 진주에 있었고, 그 부친이 또 진주목사를 지냈기 때문에 여러 날을 진주에 머물며 촉석루에 대한 많은 시문을 남겼습니다.

부인婦人의 성품은 죽음을 가볍게 여긴다. 그러나 그중 하자下者는 분한 마음을 참지 못하고 우울해 죽는 것이고, 그중 상자上者는 의로워서 그 몸을 더럽힐 수 없기에 죽는데 그 죽음을 대개 절개가 열렬하다고 여긴다. 그러나 모두 그 몸을 스스로 죽이는 데 그친다. 창기娼妓 같은 부류는 어려서부터 풍류스럽고 음탕한 일과 옮기고 바뀌는 정에 의해 인도되었기 때문에 그 성품 또한 그처럼 흘러서 머물지 않고, 그 마음은 남을 모두 남편으로 여긴다. 부부에 있어서도 오히려 그러한데 하물며 군신의 의리를 조금이라도 아는 자가 있겠는가? 그래서 예로부터 전쟁터에서 미녀를 마구 약탈한 것이 어찌 제한이 있었겠는가? 그러나 절개를 지켜 죽은 자에 대해서는 들은 적이 없다.

옛날 왜구가 진주를 함락했을 때 의로운 기생이 있었다. 강 안의 바위로 왜장을 이끌어서 마주하고 춤을 추었는데 춤이 한창일 때 그를 껴안고 깊은 물로 몸을 던져 죽었다. 이곳이 그 사당이다. 아! 어찌 열렬한 어진 부인이 아니겠는가? 지금 한 왜장을 죽인 것은 세 장사의 치욕을 씻을 수 없다. 비록 그렇지만 성이 바야흐로 함락되려고 할 때 이웃 고을에서는 병사를 껴안고 구원하지 않았고, 조정에서는 공을 시기해 전쟁에서 지기를 즐거워해서 금탕金湯(쇠로 만든 성곽과 끓는 물로 채운 연못)의 견고한 성지城池를 곤궁에 처한 적의 수중에 잃었으니, 충신과 지사들의 분노와 탄식이 이 전쟁보다 심한 적이 없었다.

그런데 매우 작은 한 여자가 능히 적장을 죽여서 보국을 했으니 군신 간의 의리가 하늘과 땅 사이에서 밝았다. 한 성의 패배는 근심할 것이 없다. 어찌 통쾌하지 않겠는가! 사당을 오랫동안 수리하지 않아서 비가 세고 바람에 떨어지니, 지금 절도사 홍공洪公이 그 파괴된 곳을 보수하고 그 단청을 새롭게 칠하고, 나에게 그 일을 기록하게 하고, 스스로 절구 한 수를 지어서 촉석루 위에 적었다.

정약용 〈진주 의기사기晉州義妓祠記〉, 《여유당전서》

진주 의기는 논개論介입니다. 정약용의 장인 홍화보가 논개의 사당을 수리한 것을 기념해 정약용이 그 일을 기록한 것입니다.

진주성 전투에서 패한 원인 가운데 하나로 우리 편끼리 일으킨 분쟁을 얘기하고 있습니다. 세 장사는 김천일, 최경회, 황진인데 최경회의 애첩이 바로 논개였습니다. 논개의 신분에 대해서는 여러 가지 설이 있어서 혼란스럽습니다. 그중 최경회의 후처, 진주의 관비, 장수 출신의 집안의 여인, 황진의 애첩 등이 가장 대표적인 설입니다.

나랏일이 이에 이르니
사는 것이
죽는 것만 못하다

진양성晉陽城 밖 큰 강 위에 바위가 촉촉矗矗이 우뚝 서 있다. 이것이 촉석루矗石樓가 그 이름을 얻은 이유이다. 바위의 크기는 사오 아름이고 높이는 삼사 길인데 아래는 깊은 물에 임하고 위로는 숫돌처럼 평평해 육칠인이 앉을 수 있다. 그 전면에 의암義巖이라고 쓰여 있는데 곧 의기義妓가 목숨을 던진 곳이다. 의기는 논개이다.

만력萬曆 계사년1593 6월 그믐날 적이 진양성을 무너뜨렸다. 성이 함락되자 다시 할 수 있는 일이 없었다. 논개는 한숨 쉬며 "나랏일이 이에 이르니 사는 것이 죽는 것만 못하다. 그러나 헛된 죽음은 무익하다. 어찌 도랑에서 죽는 작은 신의를 이루겠는가?"라고 하고, 화장을 하고 옷을 화려하게 차려입고 의암에 올라 금琴을 연주하며 노래했다. 추장酋長(왜적의 장수)이 기뻐하며 오니, 마침내 웃으면서 맞이했다. 함께 춤을 추었는데 춤이 절반에 이르렀을 때 적을 껴안고 강에 뛰어들어 죽었다. 여러 적들이 크게 놀라서 구하려 했지만 이미 미칠 수 없었다. 적은 그 장수를 잃고 크게 혼란에 빠져 달아나다가 궤멸되니 성을 다시 온전히 지킬 수 있었다.

임금께서 소식을 들으시고 의기의 정려문을 세우라고 명했다. 정려문은 의암에서 북쪽으로 열 보 남짓에 있다. 아! 선비는 독서해 의리를 밝히는데 평소의 담론이 충신열사로서 자처하지 않음이 없다. 그러나 하루아침에 사변을 만나면 생사 사이를 배회함을 면하지 못하고 웅어熊魚(곰 발바닥과 물고기)의 구분에서 결단할 수 없고, 끝내 천하 후세에 웃음거리가 되는 자들이 종종 있다.

저 무지한 천한 기생은 사직을 근심하고 강상綱常(사람이 지켜야 할 도리)을 도울 수 있어서 웃으며 강에 임해 죽음을 돌아가는 것처럼 대하고 조금도 애석한 뜻이 없었다. 또한 그 기묘한 꾀와 비책은 사람의 생각이 이를 수 없는 곳에서 나왔는데 승승장구를 바야흐로 펼치려 할 때 적의 괴수를 죽였고, 패배해 손상을 당한 후에 사기士氣를 진작시켰으니, 한 목숨을 버려서 남방의 수백 년 회복의 근본을 이룬 것이다. 이는 과연 이전의 옛 역사에서 일찍이 있었던 것이겠는가? 나는 이경李璥과 백사림白士霖의 무리에게 알리려고 한다.

박태무 〈의기전義妓傳〉,《서계집》

촉석루는 영남 제일의 명승지로
꼽힙니다. 임진왜란 이전의 촉석루에
대한 시문은 주로 아름다운 경치와
그 안에서 벌어진 술자리의 풍류를
노래한 것이 대부분입니다. 그러나
임진왜란을 겪은 후 촉석루는 충정과
절의의 상징물이 되었습니다.

진양은 진주의 옛 이름입니다. 논개가 의암에서 왜장과 함께 강물에 몸을 던져 순국한 앞뒤 사정을 상세히 말하고 있습니다.

이경은 당시 진주목사로서 왜적을 피해 도망쳤던 자이고, 백사림 또한 장수로서의 임무를 저버리고 도망간 자입니다. 기생보다 못한 그들의 행실을 크게 꾸짖은 것이지요.

박태무는 평생 벼슬에 나가지 않고 진주 남내동南柰洞 지계芝溪 서쪽에 서계서실西溪書室을 짓고 학문에 전념했던 학자입니다.

제일의 명승 구역이라 말하지 마오	第一休言名勝區
난간에 기대 마음에 사무치는 이 높은 누대이네	憑欄感慨此高樓
간절한 충정을 밝은 해가 여전히 머물러 비추고	危衷白日猶留照
깊은 분노를 긴 강은 다 흘려보내지 못하네	幽憤長江不盡流
몇이나 그 충성이 고경의 죽음과 함께했던가	幾箇忠同杲卿死
제군의 죄는 하란의 비열함에 비할 수 있네	諸君罪比賀蘭浮
산하의 백년 태평 사업은	山河百載昇平業
끝내 동남쪽 이 고을에 힘입었네	終賴東南有是州

윤봉오 尹鳳五, 1688-1769 〈촉석루에서 현판의 시에 차운하다[矗石樓次板上韻]〉
《석문집石門集》

고경杲卿은 당나라 안고경顏杲卿입니다. 안녹산安祿山의 반란 때 상산태수로서 의병을 일으켜 반란군과 싸웠습니다. 그러다 사사명史思明에게 참패하고, 사로잡혀 사지가 찢기고 혀가 끊어지는 고문을 당하면서도 끝까지 안녹산을 욕하면서 죽었지요.

하란賀蘭은 안녹산의 반란 때 임회절도사였던 하란진명賀蘭進明입니다. 장순張巡과 허원許遠이 수양성睢陽城을 지키면서 몇 달간 적을 막아내고 있을 때 하란진명은 그들의 명성을 시기해 일부러 구원병을 보내지 않았습니다. 결국 장순과 허원은 성이 함락되어 순국했습니다.

과연 진주성 전투에서 안고경처럼 충성을 다한 사람은 누구였으며, 하란진명처럼 나라를 저버린 자는 누구였던가요?

윤봉오는 영조 때 홍천현감과 대사간을 지낸 고관이었습니다.

향기로운 이름 천년에 이 바위에서 높고	香名千載此巖高
바위가 마멸되지 않을 때 이름도 사라지지 않으리라	巖不磨時名不磨
높은 누대에서 밤에 머물며 두견새 소리 들으니	夜宿層樓聞杜宇
지금도 여전히 강에 떨어진 꽃을 원망하네	秖今猶怨落江花

윤봉오 〈누대 앞에 의기 논개가 순절한 곳이 있는데 이에 의암으로 이름 지었다. 절구 한 수를 지었다[樓前 有義妓論介殉節處 仍以義巖爲名 爲題 一絶]〉, 《석문집》

의암이 갈려서 닳아 없어지지 않듯이 논개의 이름도 영원할 것입니다. 두견새는 지금도 강에 떨어진 꽃을 원망합니다. 원망은 슬퍼한다는 것입니다. 물론 그 꽃은 논개의 넋이 아니겠습니까?

● 달빛 아래 화장대를 열었고

　봄 구름 아래

　춤옷을 지었네

봄 성의 유람한 자취 유하주에 있는데	春城遊跡柳河州
촉석루에 쉽게 시를 적지 못하네	未易題詩矗石樓
난리 후 누가 세 장사를 아는가	亂後誰知三壯士
시절 평화로워 오직 큰 강의 흐름만 보네	時平惟見大江流
관기의 곧은 바위는 물결 속에 우뚝하고	官娃貞石波心屹
절도사의 금장은 수면으로 떠올랐네	節度金章水面浮
다행히 임진란의 남은 기록이 있어서	賴有龍蛇餘錄在
난간에 기대 다 읽고 물가 섬으로 내려가네	憑欄讀罷下汀洲

〈촉석루에 올랐다. 고故 병사兵使 최석한崔錫漢이 군영의 여종 논개가 사절死節한
일을 장계로 알리니, 의암이라는 이름을 하사했다.《하담일록荷潭日錄》과
《미수기언眉叟記言》 등에 실려 있다. 지금 정묘년에 병영의 강가에서 옛 인장印章을
획득했는데 곧 우병사 최경회가 사절했을 때 패용했던 것이다. 등에는 만력
연호가 새겨 있었다. 장계로 알리니 어제명御製銘이 은 글자銀字로 채워진 갑匣을
본영本營에 보내어 비치하게 하고, 마침내 제사를 올리라는 명이 있었다. 그러나
삼장사三壯士 중의 한 분은 여전히 포양襃揚의 조처가 들려오지 않았다.
차련次聯에 언급했다[登矗石樓. 故兵使崔錫漢. 以營婢論介死節事乃狀聞. 賜名義巖.
載荷潭日錄. 眉叟記言. 今丁卯兵營江渚. 獲古印章. 卽右兵使崔慶會死節時所佩也. 背刻萬曆年號.
至於狀聞. 御製銘銀字塡匣. 送置本營. 遂有致祭之命. 而三士中一人尙未聞襃揚之擧. 及於次聯])

서명서徐命瑞, 1711-1795　《만옹집晩翁集》

최경회는 전라도 화순 출신으로 젊은 시절에 양응정楊應鼎과 기대승에게 배웠고, 문과에 합격해 옥구, 장수, 무장(고창) 등의 지역에서 현감을 하고 영암군수, 영해부사, 화순부사 등을 지냈습니다. 장수현감 시절에 의지할 데 없는 논개의 모녀를 보살펴 주었는데 나중에 논개를 후처로 맞았다고 합니다. 진주성 전투에서 성이 함락되자 김천일, 황진과 함께 남강에 투신해 순국했습니다. 그런데 나중에 그의 인장印章이 남강에서 발견되어 나라에서 도장을 담아 두는 상자, 보갑을 하사해 보관하게 하고 제사를 올리게 했다는 것입니다.

최경회의 묘지는 지금 경상남도 함양군 서상면 금당리에 있습니다. 그 묘지 아래 논개의 묘도 있지요.

서명서는 영조 때 사람으로 의령현감을 지냈습니다.

꽃 떨어지니 남은 향기 맡아지고	花落聞餘馥
강물은 작은 바위를 끼고 있네	江流帶片磯
어찌 비단 빨던 옛 일을 논하랴	寧論浣紗古
다시 누대에서 떨어졌던 드문 일에 비하네	更比墮樓稀
밤 달빛 아래 화장대를 열었고	夜月開粧鏡
봄 구름 아래 춤옷을 지었네	春雲剪舞衣
연이은 상앗대가 깊은 푸른 물을 헤아리고	連篙測深碧
멀리 바라보며 돌아가자는 말이 없네	遠望未言歸

〈의암義巖. 의암은 논개 때문에 이름이 지어졌다. 논개는 진양의 한 기녀인데

위급한 상황에서 생명을 던져서 마침내 창의한 제공들과 함께 천고에 이름을 남겼다. 그 일이 몹시 기이하다. 나는 밤에 남강에서 노닐면서 바위 아래 배를 매 놓고 시를 짓고 떠났다[義巖以論介名 論介以晉陽一妓女 造次捐生 遂與倡義諸公 名千古 事甚奇 夜遊南江 舟巖下 之賦詩而去]〉

김상정金相定, 1722-1788 《석당유고石堂遺稿》

비단 빨던 옛 일은 중국 사천성 저라산苧蘿山 아래 완사계浣紗溪에서 월越나라 미녀 서시西施가 비단을 빨았다는 일을 말합니다. 거기에 서시가 빨래했던 완사석浣紗石이라는 바위가 있다고 합니다. 완사석을 어찌 숭고한 의암에 비할 수 있겠습니까?

누대에서 떨어졌던 일은 진晉나라 부자 석숭石崇의 애첩 녹주綠珠가 정절을 지키기 위해 누대에서 떨어져 자결했던 사건입니다. 이를 논개의 순국에 비할 수 있겠습니까?

논개는 적장을 의암으로 유인하기 위해 화장을 하고 춤옷을 걸쳤다고 합니다. 상앗대는 배를 댈 때나 띄울 때 쓰는 긴 막대입니다.

김상정은 영조 때 승지와 대사간을 지냈습니다.

풍천나루 물이 여전히 향기로워	楓川渡口水猶香
내 수염과 눈썹을 씻고 의로운 낭자에게 절하네	濯我須眉拜義娘
혜초의 자질로 어떻게 적장을 죽였던가	蕙質何由能殺賊
낭군이 이미 항오에 넣었기 때문이네	藁砧已自使編行
장계의 노인들은 제 고향 출신임을 자랑하고	長溪父老誇鄉產

촉석루 사당에선 나라 위한 죽음을 제사하네　　蟲石丹靑祭國殤

선조 시절에 인물이 많았음을 생각하면　　追想穆陵人物盛

천추의 기적에도 한 줄기 빛이 났네　　千秋妓籍一輝光

황현　〈의기 논개비義妓論介碑〉,《매천집》

황현이 1898년에 전라북도 장수에 있는 의기논개비를 찾아가 지은 시입니다.

혜초의 자질을 말하는 혜질惠質은 여성의 아름다운 자태와 성품을 뜻합니다. 항오行伍는 군대의 편성인데 항오에 넣었다는 것은 옛 고사를 취했습니다. 전국시대 제齊나라 장군 전단田單이 연燕나라와 전쟁을 할 때 손수 판삽板挿(삽과 같은 도구)을 잡고 병사들과 함께 일을 했고 부인과 첩들을 군대에 편입시켜 함께 고생하게 해서 군사의 사기를 높였다고 합니다.

지금 논개의 생가가 있는 전라북도 장수군 장계면 대곡리 주촌마을에 '촉석의기논개생장향수명비蟲石義妓論介生長鄕竪命碑'가 있습니다. 또 근래에 논개를 기리기 위해 만든 '의암신안주씨논개지려義巖新安朱氏論介之閭'라는 정려각과 '충의공일휴당최경회현감선덕추모비忠毅公日休堂崔慶會縣監善德追慕碑'도 있습니다. 장수읍 두산공원에는 의암사라는 논개를 제사하는 사당과 함께 그녀의 동상이 있지요.

비단을 펼친 듯한
묘한 시구

전라북도
부안읍
매창 묘지

조선 명종 시절에 부안의 기생 매창梅窓, 1573-1610은 시인으로서 한양까지 이름을 날렸습니다. 당시 북쪽에 황진이가 있다면 남쪽에는 매창이 있다고 했답니다. 매창의 본명은 이향금李香今이고, 자는 천향天香이고, 매창은 그녀의 호입니다. 계유년에 태어났기 때문에 계생癸生이라 불렸는데 계수나무 계를 써 계랑桂娘 또는 계생桂生으로 적기도 했습니다. 부친은 아전 이탕종李湯從이라 하는데 어떤 사연으로 매창이 관비가 되었는지는 알 수 없습니다.

매창에 대한 기록은 사대부들의 저술 속에서 전하는 것이 적지 않습니다.

송계松溪 권응인權應仁의 《패관잡기稗官雜記》에 "우리나라 여자들의 시의 경우, 삼국시대에는 알려진 것이 없고, 고려시대에는 단지 용성龍城의 창기娼妓 우돌于咄과 팽원彭原의 창기 동인홍動人紅만이 시를 지을 줄 알았다고 하나 전하는 것은 없다. 그리고 송경松京의 삼절三絶인 황진옥黃眞玉과 부안扶安 기생 매창梅窓 계생桂生과 추향秋香, 호서湖西 기생 설죽雪竹과 취선翠仙, 진주晉州 기생 승이교勝二喬, 부안 기생 복랑福娘, 성천成川 기생 일지홍一枝紅 등은 모두 시에 능하기로 유명하다."라고 했다. 창기로서 시에 뛰어나다는 것은 몹시 이채롭기 때문에 대략 언급한 바이다.

이규경 〈중국과 우리나라 기생의 연원에 대한 변증설華東妓源辨證說〉
《오주연문장전산고》

조선 후기 실학자 이규경이 권응인의 《패관잡기》를 인용해 기생 출신 시인을 소개한 글입니다. 삼국시대에서 조선 중기까지 긴 세월 동안 배출된 여성 시인이 너무 적어서 쓸쓸합니다. 이 가운데 매창이 있습니다.

매창은 시조와 한시를 짓는 데 뛰어나고 노래와 금 연주도 빼어났습니다.

매창이 그리워한 님은
누구일까

이화우 흩날릴 제 울며 잡고 이별한 님
추풍낙엽에 저도 나를 생각하는가
천 리에 외로운 꿈만 오락가락 하노매

이매창 〈이화우〉

매창 묘지 옆의 매창공원에는 매창과 관련된 많은 글과 시를
새긴 비석들이 숲을 이루고 있습니다.

매창의 시조인데 교과서에도 실려 있어서 널리 알려졌습니다. 그런데 이 작품은 매창이 유희경劉希慶, 1545-1636을 그리워하며 지었다고 합니다. 유희경은 서경덕徐敬德의 제자인 남언경南彦經에게 《문공가례文公家禮》를 배웠는데 장례의식에 밝아서 국가의 상례에 참여했고, 박순朴淳에게 당시唐詩를 배워서 시인으로 활동했습니다. 성품이 무난하고 처신도 잘해서 사대부들과도 교류가 많았지요.

유희경은 출신이 미천하다. 그러나 소탈하고 고아하고 선행을 좋아했다. 모친을 섬기는데 지극하여 효자로 소문이 났다. 자호自號를 시은市隱이라 했다. 그가 지은 시는 몹시 아름답고 묘했는데, "댓잎은 아침에 이슬을 따르고, 소나무 가지는 밤에 별을 매달았네. 바위는 이끼 무늬를 띠고 예스럽고, 산은 비 기운을 머금고 푸르네[竹葉朝傾露 松梢夜掛星 石帶苔紋老 山含雨氣靑]" 같은 구절은 사람들에게 칭송을 받았다. 내가 일찍이 시를 주기를 "오직 당나라 이백과 두보만 추구하고, 송나라 진사도陳師道와 황정견은 배우지 않았네. 눈 덮인 집에 금과 책이 차가운데, 매창에는 담소가 향기롭네[惟追唐李杜 不學宋陳黃 雪屋琴書冷 梅窓笑語香]"라고 했다. 이는 사실을 기록한 것이다.

이수광李睟光, 1563-1628 〈방류旁流〉,《지봉유설芝峯類說》

이수광은 높은 벼슬을 지낸 사대부인데 그 또한 유희경과 교류했던 인물입니다. 이수광은 유희경이 송시보다는 당시 풍의 시에 뛰어났고,

고상한 생활을 했던 인물이라고 증언하고 있습니다. 이수광이 직접 보고 사실을 기록한 것이라고 했으니, 믿을 만한 내용일 것입니다.

유희경이란 자는 본래 천한 노비이다. 사람됨이 맑고 신중하며 충심으로 주인을 섬기고 효성으로 어버이를 섬기니 사대부들이 그를 사랑하는 이가 많았다. 시에 능해 매우 무르익었는데 젊었을 때 갈천葛川 임훈林薰을 따라가서 광주光州에 있는 석천石川 임억령의 별장에 올라 그 누각에 써놓은 시의 성星 자 운에 차운하기를 "댓잎은 아침에 이슬을 따르고, 소나무 가지는 새벽에 별을 매달았네[竹葉朝傾露 松梢曉掛星]"라고 했다. 송천松川 양응정梁應鼎이 이를 보고 몹시 칭찬했다.

허균 《성수시화惺叟詩話》

허균이 기록한 유희경에 대한 짧은 기록인데 이수광의 글과 비슷합니다. 임억령과 양응정은 당시 이름난 문인이었습니다. 유희경은 이처럼 명성이 널리 알려진 문인들에게 시를 짓는 재능을 인정받았고 사람들에게 고상한 인품으로 존경받았습니다. 아들을 다섯이나 두고, 90세로 장수한 부인과 함께 많은 복을 누리다가 향년 92세로 타계했지요.

다시 만날 약속이 없으니
꿈속에서 그리워하다

유희경은 나랏일로 전라도 완산完山(오늘날의 전주)에 갔을 때 일부러 부안에 들러 매창을 처음 만났던 것 같습니다. 당시 유희경은 46세였고 매창은 18세였습니다.

일찍이 남국의 계랑 이름을 들었는데	曾聞南國癸娘名
시운과 가사로 서울을 진동시켰네	詩韻歌詞動洛城
오늘 진면목을 보니	今日相看眞面目
도리어 신녀가 삼청에서 내려온 듯하네	却疑神女下三淸

유희경 〈계랑에게 주다[贈癸娘]〉,《촌은집村隱集》

유희경은 매창을 만나기 전에 서울에서 이미 시와 노래에 뛰어나다는 그녀의 명성을 익히 들었던 것입니다. 그리고 비로소 그 참모습을 대하니 신녀가 삼청三淸에서 내려온 듯하다고 했습니다. 삼청은 도교에서 말하는 신선 세계인데 옥청경玉淸境, 상청경上淸境, 태청경太淸境 세 곳의 선경을 가리킵니다.

| 이별 후 다시 만남은 기약이 없는데 | 別後重逢未有期 |

초나라 땅 구름과 진나라 땅 나무처럼 떨어져   楚雲秦樹夢相思

꿈속에서 그리네

언제나 함께 동루의 달빛에 기대어   何當共倚東樓月

완산에서 취해서 시 읊던 때를 얘기할 수 있을까   却話完山醉賦詩

유희경 〈계랑에게 부치다(寄癸娘)〉,《촌은집》

유희경은 매창과 잠깐의 첫 만남 후 일 때문에 완산으로 떠나야 했습니다. 부안에서 완산까지의 거리는 그리 멀지 않지만 다시 만날 기약이 없으니 꿈속에서 그리워할 수밖에 없습니다. 이 시는 당나라 이상은의 〈야우기북夜雨寄北〉에서 구절을 만들거나 배열하는 방법을 따라 했는데 둘째 구절은 두보의 〈춘일억이백春日憶李白〉을 인용했습니다.

아가씨 집은 낭주에 있고   娘家在浪州

내 집은 서울에 있으니   我家住京口

그리워도 서로 볼 수가 없어서   相思不相見

오동잎에 내리는 비에 애간장 끊기네   腸斷梧桐雨

유희경 〈계랑을 그리다(懷癸娘)〉,《촌은집》

유희경은 완산에서 다시 부안으로 가서 매창을 만난 후 서울로 돌아왔습니다. 낭주浪州는 부안의 옛 이름입니다. 오동잎에 떨어지는 빗소리에 애간장이 끊기니 잠깐의 사랑이 깊었음을 알 수 있습니다. 유희경의《촌은집》에 계랑과 관련된 시는 모두 일곱 수가 있습니다. 대략 처음 만났던 1591년 무렵의 시들입니다. 이 이후로 계랑을 언급한 시편은 없습니다.

> 계랑은 부안의 천한 기생인데 자호가 매창이다. 일찍이 지나가는 나그네가 그 명성을 듣고 시로써 유혹했다. 계랑은 즉시 차운하기를 "평생 동가식 서가숙을 배우지 않고, 단지 매창에 기운 달빛을 사랑한다오. 사인이 그윽한 뜻을 알지 못하고, 가는 구름 가리키며 오해함이 많다오[平生不學食東家 只愛梅窓月影斜 詞人未識幽閑意 指點行雲枉自多]"라고 하니, 그 사람이 슬퍼하며 떠나갔다. 계랑은 평소에 금과 시를 좋아했는데 죽어서 금을 함께 묻었다고 한다.
>
> 이수광 〈기첩妓妾〉,《지봉유설》

매창은 자못 절개 있는 기생으로 알려져 있습니다. 평생 동가식東家食 서가숙西家宿을 배우지 않았다는 것은 이 남자 저 남자를 가리지 않고 사랑을 나누지 않았다는 뜻입니다. 그러나 그 절개라는 것이 성춘향의 오로지 한 남자만을 위한 일편단심과 같은 것은 아니었던 것 같습니다. 사실 소설 속의 세계와 현실은 다른 것입니다.

> 23일 부안에 도착하니 비가 몹시 내려 머물기로 했다. 고홍달高弘達이 인사를 왔다. 창기倡妓 계생桂生은 이옥여李玉汝의 정인情人이다. 거문고를 뜯

으며 시를 읊었는데 용모는 뛰어나지 않지만 재능이 있어서 함께 이야기

할 만했다. 종일 술 마시고 시를 읊으면서 화답했다. 밤에 그 조카를 침소

에 들였는데 혐의를 피하기 위해서였다.

허균 〈조관기행漕官紀行〉,《성소부부고惺所覆瓿藁》

계생은 시를 잘 짓고
노래와 금 연주를 잘했다

허균은 신축년1601 6월에 전운판관에 임명되어 삼창三倉의 양곡 운송

을 독려하기 위해 7월 23일에 부안에 도착했습니다. 이때 계생을 처음

만났습니다. 그런데 허균은 계생을 이옥여의 정인이라고 했습니다. 이

옥여는 이귀李貴, 1557-1633인데 충청도 공주 출신으로 인조반정 때 공을

세워 정사공신 1등에 연평부원군에 봉해졌고, 병조판서와 이조참판

을 지냈습니다. 허균이 계생을 만났을 당시 계생은 이귀와 정을 나누

는 사이였던 것입니다.

부안 기생 계생은 시를 잘 짓고 노래와 금 연주를 잘했다. 어떤 한 태수가

그녀와 가깝게 지냈다. 태수가 떠나간 후 읍인들이 비석을 세워서 추모

했다. 어느 날 저녁 아름다운 달이 떴을 때 계생은 비석 가에서 금을 연주하며 하소연하며 긴 노래를 불렀다. 이원형李元亨이란 자가 지나가다가 그것을 보고 시를 지어 읊으니, 당시 사람들이 절창이라 했다.

한 곡조 요금으로 타며 자고새 원망하는데	一曲瑤琴怨鷓鴣
황량한 비석은 말이 없고 둥근 달만 외롭네	荒碑無語月輪孤
현산의 그 당시 정남 비석에도	峴山當日征南石
또한 가인이 눈물을 뿌렸던가	亦有佳人墮淚無

이원형은 우리 집에 머물렀던 객이다. 젊어서부터 나와 이여인李汝仁과 함께 지냈기 때문에 능히 시를 지었다. 다른 작품 또한 좋은 것이 있다. 석주石洲가 그 사람을 좋아해 칭찬했다.

허균 《성수시화》

계생이 어떤 부안 태수와 가깝게 지냈는데 태수가 떠난 후 읍인들이 그 공을 기려 세운 거사비去思碑 옆에서 요금을 타며 그리워하며 노래를 불렀다는 것입니다. 이것을 이원형이란 사람이 목격하고 시를 지었는데, 당시 사람들이 절창이라고 칭송했다지요. 석주 권필 같은 대시인도 몹시 칭찬했고요.

시의 셋째 구절은 진나라 정남대장군을 지낸 양호羊祜의 고사에서 가져왔습니다. 양호가 선정을 베풀어서 양양襄陽 백성들이 양호가 노닐었던 현산峴山에 기념비를 세웠는데 그 비문을 읽는 사람은 누구나 추모의 정으로 눈물을 흘렸다고 합니다. 그래서 그 기념비를 일명 타루비墮淚碑라고 했지요. 그런데 시인은 그 양호의 비석에도 미인이 눈물을 뿌린 적이 있었던가? 하고 묻습니다. 은근히 양호보다 부안 태수가 낫지 않느냐고 한 것이지요.

> 아가씨가 보름달 아래 거문고를 타며 〈산자고山鷓鴣〉를 불렀다지요. 어찌 한적하고 은밀한 곳에서 연주하지 않고 윤비尹碑 앞에서 해서 말 좋아하는 자에게 들켜 삼 척 거사석去思石을 시로 더럽혔습니까? 이는 아가씨의 잘못인데 욕이 나에게로 돌아오니 원통하구려. 근래 참선參禪은 하시는지? 그리움이 간절하구려.
>
> **허균** 〈계랑에게 보냄. 기유년1609 정월|與桂娘己酉正月|〉

허균이 계랑에게 보낸 편지입니다. 허균이 계랑을 처음 만난 것은 1601년인데, 이 편지는 1609년에 보낸 것이니 오랫동안 둘 사이에 교류가 지속되었음을 알 수 있습니다. 이 내용은 앞서 소개한, 계랑이 가까이했던 태수가 떠난 후 비석 앞에서 그리운 정을 노래한 사건을 언급한 것입니다. 〈산자고〉는 남방의 여인이 북쪽으로 떠나간 낭군을 그리워하는 노래입니다. 이백과 백거이白居易 같은 유명 시인의 작품으로 전하지요. 이 편지에 따르면 계랑이 그리워했던 태수는 윤尹씨였던 것 같습니다.

봉래산蓬萊山의 가을 색이 바야흐로 짙어지니 돌아가고픈 흥취가 날아오릅니다. 아가씨는 반드시 성성옹惺惺翁이 구학丘壑에 대한 맹세를 저버렸다고 비웃을 것입니다. 당시 만약 한 생각을 그르쳤다면 나와 아가씨와의 교분이 어찌 10년 동안이나 친밀할 수 있었겠습니까? 지금 진회해秦淮海가 진정한 장부가 아님을 깨달으니, 선관禪觀을 지닌다면 몸과 마음에 유익함이 있을 것입니다. 어느 때나 마음을 다 털어놓을 수가 있겠습니까? 편지지를 대하고 슬퍼합니다.

허균 〈계랑에게 부치다[與桂娘], 기유년1609 9월〉

🔵 죽었다는 소식을 듣고
   계생을 위해 시를 짓다

허균과 계랑의 사귐은 10년이나 지속되었지만 남녀의 애정관계는 아니었습니다. 서로 시를 주고받고 예술을 논하는 사이였지요. 성성옹은 허균 자신을 말한 것이고, 구학에 대한 맹세는 세속을 떠나 산수에 은거하겠다는 뜻입니다. 진회해는 송나라 진관秦觀인데 많은 애정시를 썼고, 본인도 여러 기생과 연애에 관한 소문이 많았습니다. 그런데 진관이 진정한 장부가 아니라는 말은 정확히 무슨 뜻인지 모르겠습니다.

계랑은 1610년 38세로 요절했습니다. 유희경의 《촌은집》에는 계랑을 애도한 시가 없습니다. 도리어 다른 기생의 죽음을 슬퍼한 시는 있는데 말입니다. 정작 계랑에게 애도시를 헌사한 사람은 허균이었습니다.

묘한 시구는 비단을 펼친 듯했고	妙句堪摛錦
맑은 노래는 가던 구름을 머물게 했네	淸歌解駐雲
복숭아 훔쳐 하계로 내려왔는데	偸桃來下界
불사약 훔쳐 인간 무리를 떠나갔네	竊藥去人群
부용꽃 수놓은 장막엔 등불 어둡고	燈暗芙蓉帳
비취색 치마엔 향기 사라졌네	香殘翡翠裙
내년에 작은 복사꽃 피어날 때	明年小桃發
누가 설도의 묘지를 방문할 것인가	誰過薛濤墳
처절한 반희의 부채이고	凄絶班姬扇
비량한 탁녀의 금이네	悲凉卓女琴
날리는 꽃잎은 부질없이 한을 쌓고	飄花空積恨
시든 혜초는 단지 마음을 상하게 하네	蘼蕙只傷心
봉래도엔 구름이 흔적도 없고	蓬島雲無迹
창명엔 달이 이미 잠겼네	滄溟月已沈
훗날 소소의 집에는	他年蘇小宅
시든 버들이 녹음을 이루지 못하리라	殘柳不成陰

허균 〈계랑을 애도하다[哀桂娘]〉

이 시에 대해 허균은 "계랑은 부안 기생이다. 시를 잘 짓고 글도 이해했다. 성품이 절개가 굳고 음란함을 좋아하지 않았다. 나는 그 재능을 사랑했는데 허물없이 아주 친했다. 비록 친밀하게 이야기를 나누는 곳일지라도 난잡함에 이르지 않았다. 그래서 오래도록 교분이 쇠퇴하지 않았다. 지금 그가 죽었다는 소식을 듣고 그녀를 위해 한차례 눈물을 흘리고서 율시 두 수를 지어 애도한다."라고 했습니다.

계랑은 자신이 평생 사랑했던 금과 함께 부안읍 봉덕리에 묻혔습니다. 나중에 황량한 그녀의 묘지에 읍인들이 비석을 세웠는데 오래되어 글자를 알아보지 못하게 되자, 1917년 부안의 시 모임인 부풍시사에서 '명원이매창지묘名媛李梅窓之墓'라는 비석을 다시 세웠습니다.

3천 년 만에 한 번 꽃이 피고 3천 년 만에 한 번 열매가 열린다는 서왕모의 반도蟠桃(복숭아)를 훔친 것은 동방삭東方朔이었고, 불사약을 훔쳐 달나라로 달아난 것은 항아姮娥였습니다.

설도薛濤는 당나라 때 성도成都의 기생인데 시인으로 유명했습니다. 당시 대시인이었던 원진元稹과 서로 사랑했고, 백거이, 왕창령王昌齡, 이상은, 두목 등과 교유했습니다. 여교서랑女校書郎이란 칭호까지 얻었으니 대단한 영광이었습니다. 교서랑은 궁궐에서 소장한 문서와 서책을 담당하는 벼슬로서 학식과 문필 실력을 갖춘 사람이 임명되는 자리였지요.

반희班姬는 반첩여班婕妤인데 한나라 성제成帝 때 총애를 받았는데 나중에 조비연趙飛燕에게로 황제의 총애가 옮겨 가자 장신궁長信宮으로 물러가서 태후太后를 모셨습니다. 이때 자신의 신세를 소용없는 가을 부채[秋扇]에 빗대어 읊은 〈원가행怨歌行〉을 지었지요.

탁녀卓女는 탁문군卓文君입니다. 한나라 촉군蜀郡 임공臨邛의 부자 탁왕손卓王孫의 딸로서 과부로 있을 때 사마상여司馬相如의 금 연주에 반해서 그의 아내가 되었습니다. 나중에 사마상여가 무릉茂陵의 여자를 첩으로 삼자 〈백두음白頭吟〉을 지어 자신의 신세를 슬퍼했다고 합니다.

봉래도는 삼신산 중의 하나로 신선이 산다는 곳이고, 창명도 신선과 선녀들이 산다는 곳입니다. 소소소蘇小小는 남조南朝 제齊나라 때 전당錢塘의 명기名妓였습니다. 당나라 이하가 소소소를 노래한 〈소소소묘蘇小小墓〉라는 유명한 시가 전합니다.

계랑은 자신이 평생 사랑했던 금과 함께 부안읍 봉덕리에 묻혔습니다. 최근에 계랑의 묘지는 지방문화재로 지정됐고, 묘지 옆에 매창공원이 만들어져 그녀와 관련된 많은 글과 시를 새긴 비석들이 숲을 이루고 있습니다.

죽어서 이만한 호사를 누린 이는 드물 것입니다. 그런데 또 몇 달 전에 서울 도봉구에서 유희경과 매창의 시비를 도봉서원 옆에 세웠다고 합니다. 도봉서원은 조광조趙光祖를 제사하는 서원인데 유희경이 그 설립에 참여했고, 근처에 유희경과 그 부인의 묘지가 있기 때문에 기념 시비를 세운 것입니다. 그런데 왜 매창의 시비를 함께 세워야 하는지 의문이 아닐 수 없습니다. 과연 매창이 기뻐할 일일까요?

사랑의 공간이 된
선녀의 궁궐

전라북도
남원시
광한루

남원의 광한루廣寒樓는 호남에서 가장 큰 누대로, 문과 벽이 없이 사방을 바라볼 수 있게 높이 지어졌습니다. 거기에 딸린 넓은 숲도 가지고 있습니다. 그 역사가 아득하게 오래돼 조선 초에 건립되어 남쪽 지방의 유명한 누대로 널리 알려졌지요.

《신증동국여지승람》에 "광한루는 황수신黃守身이 기록한 기문記文에, '부의 남쪽 2리쯤 되는 곳에 지세가 높고 평평하며 넓게 트여 있는데 거기에 작은 누각이 있으니, 그 이름이 광통루廣通樓이다. 세월이 오래되어 퇴락하니 갑인년1434, 세종 16에 부사 민공閔恭이 다시 새 누각을 세웠고, 정사년1437, 세종 19에 유지례柳之禮가 이어 단청을 더했다. 갑자년1444, 세종 26에 정승 하동부원군 정인지鄭麟趾가 광한루로 이름을 고쳤다. 아, 호남의 경치 좋은 곳으로 우리 고을보다 나은 곳이 없고, 내 고

장 경치 좋은 곳 중에 광한루보다 나은 곳이 없다.'고 했다."라고 나와
있습니다.

달 속 선녀가 사는
궁궐, 광한루

이유원의 《임하필기》에는 "광한루는 남원루南原樓 남쪽 2리에 있는데
옛 이름은 광통루인데 세월이 오래돼 무너져서 황폐해졌다. 그래서 세
종 갑인년1434에 부사 민공이 다시 고쳐 짓고 정인지가 지금의 이름으
로 바꾸었으며 황수신이 그 기문을 지었다. 그 뒤 선조 정유년1597의
왜란 때에 불타 버렸는데 기해년1599에 부사 원신元愼이 간략하게 작은
누각을 지었으며 인조 병인년1626에 부사 신감申鑑이 비로소 중건했다."
라고 했습니다.

금방 천상의 누대에 오름이 괴이하지 않으니   不怪便登天上樓

소 끄는 사람 또한 은하수 끝에 있네   牽牛人亦河之頭

토끼와 두꺼비의 오랜 전설은 그럴듯하고   兔蟾終古說疑似

까치들은 지금 다리를 이미 거두었네   烏鵲卽今功已收

광한루란 이름은 달 속 선녀가 사는 궁궐인
'광한청허지부廣寒淸虛之府'에서 따온 것입니다.

예쁜 기생들은 이로 인해 약을 훔쳐 오고 　　　　紅妓應因竊藥至

화려한 배를 일부러 뗏목으로 바꾸어 노네 　　　畫船故替乘槎遊

연래에 오마의 흥취를 다 했는데 　　　　　　年來五馬興全盡

단지 이 고을이 있어 다시 구할 수 있으리라 　　只有玆州還可求

최립 〈남원 광한루에서 차운하다[南原廣寒樓次韻]〉, 《간이집》

천상의 누대는 달 속 선녀가 사는 궁궐, 월궁의 광한전입니다. 소 끄
는 사람은 견우牽牛입니다. 견우는 베 짜는 직녀織女와 일 년에 한 번 칠
월 칠석에 만난다지요. 달 속에는 옥토끼가 약재를 부수는 약절구를
찧고 있다고 합니다. 두꺼비는 항아가 변한 것입니다. 항아는 남편 예羿
가 서왕모西王母에게서 얻은 불사약을 훔쳐서 달나라 궁궐로 도망쳤는
데 벌을 받고 두꺼비로 변했습니다.

뗏목은 한나라 장건張騫의 배를 말합니다. 장건이 무제武帝의 명을
받들고 황하강黃河의 근원을 찾으러 뗏목을 타고 갔다가 은하수 위로
올라가 견우와 직녀를 만났다는 전설이 있습니다. 오마五馬는 지방 수
령을 말합니다. 한나라 때 지방관리인 태수가 다섯 필의 말이 끄는 수
레를 타고 다녔던 데에서 유래한 말입니다.

최립은 문장에 뛰어나서 중국에 보내는 외교문서를 담당했고, 직접
명나라에 여러 번 다녀왔습니다. 당시 명나라에서 가장 유명한 문장가
인 왕세정王世貞과 문장에 대해 토론했고, 중국의 문인들에게 명문장가
로 칭송받았습니다. 물론 시에도 뛰어났지요.

객관은 쓸쓸히 말과 수레 드문데   客館蕭條車馬稀

작은 누대 석양빛을 높이 누르네   小樓高壓夕陽輝

긴 피리 부는 사람은 옥과 같으니   一聲長笛人如玉

항아가 예상우의곡을 연주하는 듯하네   恰是姮娥奏羽衣

김시습金時習, 1435-1493   〈남원 광한루 위에서 피리소리를 듣다[南原廣寒樓上聞笛]〉
《매월당집梅月堂集》

객관客館은 나그네를 묵게 하는 집입니다. 예상우의곡霓裳羽衣曲은 당나라 현종이 꿈에 월궁에 올라가서 선녀들이 무지갯빛 치마와 새 털로 된 하얀 옷을 입고 춤추고 노래하는 것을 보았는데, 그 곡이 무엇이냐 물으니 〈예상우의〉라고 했습니다. 현종이 꿈에서 깨어나 이를 본떠서 〈예상우의곡〉과 〈예상우의무〉를 만들어 양귀비에게 추게 했다고 합니다.

매월당 김시습은 다섯 살에 시를 지을 줄 알았던 천재였는데 스물한 살 때 세조가 정권을 탈취했다는 소식을 듣고 스스로 삭발을 하고 승려가 되었습니다. 그 후 정처 없이 전국을 떠돌며 생애를 마쳤습니다. 수많은 시문을 창작했는데, 특히 기이한 이야기를 전하는 전기소설傳奇小說인 《금오신화》를 창작해 우리 소설사에 큰 발자취를 남겼습니다. 《금오신화》속 〈만복사저포기萬福寺樗蒲記〉의 배경이 된 만복사는 광한루에서 멀지 않은 곳에 있던 큰 절입니다. 임진왜란 때 거의 모든 건물이 불타 버리고 지금은 그 터만 남아 있지요.

유명한 남국의 광한루	知名南國廣寒樓
유월에 올라 임하니 뼈가 서늘하네	六月登臨骨欲秋
계수나무 그림자가 갑자기 와서 하늘과 가까운데	桂影忽來天宇逼
붉은 난간 굽은 곳에 견우가 지나가네	朱欄曲處過牽牛

강희맹 〈호남 형승 11절구, 광한루[湖南形勝十一絶廣寒樓]〉,《사숙재집私淑齋集》

사숙재 강희맹이 호남에서 풍경이 뛰어난 형승지 열한 곳을 시로 읊었는데 그중 한 수입니다. 호남의 뛰어난 풍경에 광한루는 당연히 들어가야 할 것입니다. 광한루에는 오작교가 있어서 견우를 언급한 것입니다.

강희맹은 시서화詩書畵에 뛰어난 문인이었습니다. 그가 그린 유명한 그림이 많이 전합니다.

남쪽 고을 제일의 누대라고 들었는데	見說南州第一樓
올라가 임하니 몸에 여섯 자라 머리에 있네	登臨身在六鼇頭
한쪽에는 흰 물이 무수히 흘러오고	一邊白水來無數
사방에는 푸른 산이 흩어져 모을 수 없네	四面靑山散不收
향기로운 풀과 밝은 냇물 보고 지난 일 추억하고	芳草晴川追往事
우거진 숲과 대나무 보니 이전 놀이가 흡족하네	茂林脩竹愜前遊
신선을 따라 단구로 가고자 하는데	欲仍羽客丹丘去
방장산 삼신산 밖에서 구할 필요 없네	方丈三山不外求

서거정徐居正, 1420-1488 〈광한루에서 차운하다[廣寒樓次韻]〉, 《사가집四佳集》

사가 서거정이 광한루에서 차운한 시 세 수 중의 한 수입니다.

육오六鼇는 바닷속에서 삼신산三神山을 머리에 이고 있다는 여섯 마리 자라를 말합니다. 우객羽客은 신선이고, 단구丹丘는 신선의 세계입니다. 삼신산은 동해에 있다는 신선의 세계인 봉래蓬萊, 방장方丈, 영주瀛洲입니다. 여기에서 방장을 언급한 것은 지리산의 별칭이 방장산이기 때문입니다. 광한루가 있는 남원은 지리산 아래에 있는 고을이지요.

서거정은 조선 전기에 45년간 세종, 문종, 단종, 세조, 예종, 성종 여섯 조정에서 궁중의 문서를 관리하고 임금의 자문에 응하는 대제학을 지냈습니다. 그만큼 글과 글씨가 뛰어났지요.

누가 인간 세상에
이 누대를 지었던가

영남루 촉석루가 모두 이름난 누대이지만	嶺南矗石儘名樓
시원하게 터진 면에선 끝내 일두를 양보해야 하리라	爽豁終須讓一頭
처마 끝엔 묵은 구름이 날아 흩어지지 않고	簷際宿雲飛不散

주렴 깃발엔 쌓인 푸름을 말아서 거둘 수 있네 　　　簾旌積翠捲還收

달 속의 계수나무 붙잡고 올라 청허에 머물고 　　　擬攀月桂淸虛住

맑은 바람 타고 아득히 유람하네 　　　如御泠風汗漫遊

해후하여 우연히 형수 모임 이루니 　　　邂逅偶成荊樹會

영원에서 급난을 구함을 알겠네 　　　令原知有急難求

소세양蘇世讓, 1486-1562 　〈광한루 시에 차운하다[次廣寒樓韻]〉,《양곡집陽谷集》

영남루와 촉석루는 유명한 누대입니다. 그러나 시원하게 사방이 확 트인 점에서는 광한루에게 한 걸음 양보해야 합니다. 주렴珠簾은 구슬 따위를 꿰어 만든 발이고, 청허淸虛는 광한청허지부廣寒淸虛之府의 준말로 광한궁을 말합니다. 해후邂逅는 오랫동안 헤어졌다가 뜻밖에 다시 만나는 것을 말합니다. 형수荊樹는 자형紫荊나무로 박태기나무라고도 합니다. 형제간의 우애를 상징하지요. 영원令原은 척령鶺鴒이 나는 들판인데 척령은 할미새입니다.《시경》에 실린 〈상체常棣〉에 "할미새가 들판에 있으니, 형제가 급난을 구한다[脊令在原 兄弟急難]"라고 했습니다. 급난急難은 갑자기 닥친 어려운 일입니다.

소세양은 시문에 뛰어나고 글씨에도 능했습니다. 황진이의 연인으로도 유명합니다.

누가 인간 세상에 이 누대를 지었던가 　　　誰向人間搆此樓

붉은 난간 아득히 성곽 서쪽 머리에 있네 　　　朱欄迢遞郭西頭

은하수 다리 물이 차가운데 가을에 처음 줄어들고	銀橋水冷秋初落
방장산 구름 깊어 저녁에도 거둬지지 않네	方丈雲深晚未收
옥피리 소리 멀리 날아 하늘 밖의 음향이고	玉笛遠飛天外響
벽성에서 바야흐로 달 속의 놀이를 즐기네	碧城方弄月中遊
문득 신선 거처의 승경을 실컷 구경하니	冷然飽賞仙居勝
하필 뗏목 타고 은하수로 올라가 구하겠는가	何必乘槎上漢求

이순인李純仁, 1533-1592　〈광한루 시에 차운하다次廣寒樓韻〉,《고담일고孤潭逸稿》

벽성碧城은 신선들이 산다는 곳입니다.

이순인은 이황과 조식에게서 성리학을 배운 문인인데 문장에 뛰어나 이산해李山海, 최경창, 백광훈 등과 함께 '8문장'으로 불렸습니다.

선려들 두둥실 푸른 누대로 내려오니	仙侶飄然下翠樓
밤 향기가 가볍게 옥소두에 떠 있네	夜香輕泛玉搔頭
천 잔 법주로 사람들 막 취하고	千杯法酒人初醉
한 무리의 무지개치마 춤은 곡이 끝나지 않았네	一隊霓裳曲未收
밝은 달빛 하늘에 가득해 상계를 나누고	明月滿天分上界
긴 바람 자리에 불어와 봄 유람을 즐기네	長風來席馭春遊
삼청동부가 도리어 이곳인가 싶으니	三淸洞府還疑此
방사의 금단을 밖에서 구할 필요 없네	方士金丹不外求

이달李達, 1539-1612　〈쌍부 상공의 광한루 시에 차운하다次雙阜相公廣寒樓韻〉

옥소두玉搔頭는 머리를 장식하는 비녀입니다. 상계上界는 하늘 위의 세계입니다. 삼청동부三淸洞府는 신선의 세계이고, 방사의 금단은 먹으면 죽지 않고 오래 살 수 있는 불사약을 말합니다. 진시황이 방사 서불徐市을 시켜서 불로초를 구해 오도록 했지요.

손곡 이달은 첩이 낳은 자식이어서 과거를 포기하고 평생 시문을 지으며 살았습니다.

오늘 밤 광한루에 올라
밝은 달에게 물어보네

오작교 옆 흐릿한 누대	烏鵲橋邊縹緲樓
청도의 물색을 이 안에 거두었네	淸都物色此中收
이끼 낀 돌은 오래된 지기석이고	苔紋石是支機舊
비 온 후 뗏목이 은하수로 올라가 노닐 듯하네	雨後槎疑上漢遊
계수나무 그림자 화려한 창밖에서 어른대고	桂影婆娑雕戶外
은하수 물소리 굽은 난간머리를 감도네	河聲繚繞曲欄頭

| 봄바람 속 옥피리소리가 남은 꿈을 깨우는데 | 春風玉笛驚殘夢 |
| 방장산 선인은 아마 다시 머물리라 | 方丈仙人倘更留 |

신익상申翼相, 1634-1697 〈광한루 현판의 시에 차운하다[次廣寒樓板上韻]〉
《성재유고醒齋遺稿》

청도淸都는 전설 속의 신선 세계입니다. 지기석支機石은 하늘나라 직녀가 베틀 아래에 괴어 놓았던 돌 이름입니다.

신익상은 우의정까지 지낸 고관이었는데, 일찍이 전라도관찰사로 일한 적이 있습니다. 이때 광한루를 방문하지 않았나 싶습니다.

이백은 살아나지 못하고 자첨도 죽었으니	李白不生子瞻死
달도 또한 오백 년 동안 지기가 없었는데	月亦五百年來無知己
다시 두타광객 이재대가 있네	復有頭陀狂客李載大
풍류가 일찍이 두 사람에게 뒤지지 않으니	風流曾不讓二子
일생 동안 스스로 명산 유람을 사랑했네	一生自愛名山游
오늘 밤 홀로 광한루에 올라	今宵獨上廣寒樓
누대 위에서 술잔 들고 밝은 달에게 물어보네	樓頭把酒問明月
이백과 자첨이 죽은 후	李白子瞻死後世無眞風流
세상에 진정한 풍류가 없으니	
달도 또한 이로부터 지기를 구하리라	月亦自此求知己
누구의 풍류가 나와 같음을 볼 수 있었던가	能見阿誰風流如我不

천상에도 또한 나와 같은 풍류가
있는지 알 수 없네

未知天上亦有風流如我者

나는 실로 이백과 자첨

我實李白子瞻二子之儔

두 사람의 무리인데

이백과 자첨은 죽은 지 이미 오래이고

李白子瞻死已久

단지 밝은 달만 지금까지 머물러 있네

只有明月至今留

달도 또한 나를 지기로 삼고

月亦以我爲知己

나도 또한 달을 좋은 짝으로 삼는다면

我亦以月爲好仇

달도 또한 무슨 근심이 있을 것이며

月亦有何愁

나도 또한 무슨 걱정이 있겠는가

我亦有何憂

붉은 계수나무 크고 높아

丹桂輪囷老不死

늙어도 죽지 않고

흰 토끼 약을 찧는 것이 몇 천 년인가

白兔擣藥幾千秋

달은 이미 약을 먹었으니

月旣服藥能長生

오래 살 수 있는데

어찌 나에게 한 그릇도 나눠 주지 않는가

何不分我一刀圭

만일 내가 오래 살아 팽갱을 비웃고

使我長生笑彭鏗

항아와 소녀의 무리를 불러내어

喚出嫦娥素女輩

광한전 마당에 예상우의무를 추게 하고

霓裳羽衣舞廣庭

쌍성에게 운오를 치게 하고

使雙成擊雲璈

녹화에게 난생을 불게 해

使綠華吹鸞笙

160

내 가슴에 쌓여 있는

만고의 불평을 씻어 내리라

나는 달 속의 옥루와 경궁을 볼 수 없고

나는 맑고 상쾌하고 광달함이

이 누대와 같음을 모르네

달의 크기는 탄알 하나에 불과한데

이 안에 어찌 화려한 건물들을 수용해

서로 영롱할 수 있는가

달은 푸른 하늘 위에 오래 매달려

해와 교대로 밝히며

그 공을 다툴 필요 없으리라

날렵하게 날아 내려와서

나와 함께 붉은 난간에 기대어

북두의 술 국자로 동해의 물을 따라

끝없이 취해 보자구나

그렇지 않으면 내가 푸른 규룡 매어

맑은 바람 타고

월궁 안에 출입하며

옥도끼 휘둘러 붉은 계수나무

가장 긴 가지를 찍어 내어

달빛이 다시 흐릿하지 않게 하겠노라

滌我胸中礧礧磊磊萬古之不平

吾不見月中之玉樓與瓊宮

吾不知淸爽洞豁能與此樓同

月大不過一彈丸

此中豈容雕甍畫棟相玲瓏

月不必長懸碧空上

與日代明爭其功

飄然下來與我倚朱欄

傾北斗酌東海醉無窮

不然我欲駕靑虬御泠風

出入月宮中

揮玉斧斫取丹桂最長枝

不使月光更朦朧

이날 흐렸다 맑은데 달과 함께　　　　　是日乍陰乍晴與月携手復歸來

손을 끌고 다시 돌아와서

이 누대 위에 마주하고 앉았네　　　　對坐此樓頭

남쪽 바다를 한 잔 물로 비웃으며 보고　笑視南溟一杯水

방장산과 영주산을 개미 둑과 같게　　方丈瀛洲等垤丘

여긴다면

그 연후에 내가 천상의 옥루와 경궁이　然後吾知天上之玉樓瓊宮

인간 세상의 광한루보다　　　　　　未必能勝人間廣寒樓

반드시 낮지 않음을 깨달으리라

이하곤李夏坤, 1677-1724　〈광한루가廣寒樓歌〉,《두타초頭陀草》

우리 동요에 '달아 달아 밝은 달아, 이태백이 놀던 달아.'라고 했을 만큼 이백은 달을 벗으로 삼은 시인입니다. 전설에 따르면 이백은 술에 취해 뱃놀이를 하다가 물에 비친 달을 잡으려다 물속에 빠져 죽었다고 합니다. 그의 시 〈술잔 들고 달에게 묻다把酒問月〉는 유명합니다.

자첨子瞻은 송나라 때의 뛰어난 작가인 소식蘇軾입니다. 그가 쓴 〈적벽부赤壁賦〉는 달 밝은 밤에 적벽에서의 뱃놀이를 읊은 것입니다.

팽갱彭鏗은 팽조彭祖인데 전설 속의 늙지 않고 오래 살며 불로장생했다는 신선입니다. 항아, 소녀素女, 쌍성雙成, 녹화綠華는 모두 선녀들의 이름입니다. 규룡虯龍은 전설에 나오는 상상의 동물인데, 용의 새끼로 빛이 붉고 양쪽에 뿔이 있다고 합니다.

이하곤은 달나라 세계를 자수가 많은 구절과 적은 구절을 섞어서 짓는 장단구의 악부체樂府體를 통해 환상적으로 그려냈습니다.

하늘 위 청허 백옥루인데	天上淸虛白玉樓
오작교 남쪽 가에 목란주를 띄웠네	鵲橋南畔放蘭舟
물가에 한 조각 지기석이 있어서	河邊一片支機石
문득 당년의 박망후를 기억하네	倘記當年博望侯

신의황申益愰, 1672-1722 〈광한루에서 장난 삼아 짓다[廣寒樓戲題]〉,《극재집克齋集》

청허淸虛는 달나라의 광한루입니다. 당나라 현종이 8월 보름날 밤에 달 속에서 놀다가 큰 궁부宮府 하나를 보았는데, '광한청허지부廣寒淸虛之府'라는 방榜이 쓰여 있었다고 합니다. 백옥루白玉樓는 천제天帝가 지었다는 누대입니다. 천재 시인 이하를 데려다가 집을 지을 때에 기둥에 보를 얹고 그 위에 마룻대를 올려놓는 상량식을 할 때 읽는 상량문을 쓰게 했다고 합니다. 지기석은 한나라 장건이 뗏목을 타고 은하수로 올라가 직녀를 만났을 때 직녀가 선물로 장건에게 주었다고 하지요. 장건은 중국의 서쪽에 있던 여러 나라로 통하는 실크로드를 개척한 공로로 박망후로 봉해졌습니다.

신의황은 평생 벼슬에 나가지 않고 학문에만 전념했던 유학자입니다.

붉은 다리는 오작교이고
  수양버들은 누대를
  단장했네

춘향은 눈동자의 추파를 꾸며 얻으니	春香扮得眼波秋
부채 그림자 옷 무늬에 자유롭지 못하네	扇影衣紋不自由
누가 뜻을 얻지 못한 이어사였던가	何物龍鍾李御史
지금 극의 풍류를 독점했네	至今占斷劇風流

신위 〈관극 절구 12수觀劇 絶句十二首〉,《경수당전고》

광한루는 조선 초부터 수백 년 동안 달나라 신선의 세계였습니다. 그러다가 조선 후기에 들어와서 춘향과 이도령이 사랑을 나누는 공간이 되었지요.

시서화로 유명한 신위는 4,600여 수의 시를 남겼는데 그 가운데 〈관극 절구 12수〉는 우리나라 판소리 역사를 살펴볼 수 있는 중요한 자료입니다. 원래 신위의 〈관극시〉는 수백 수였는데 오늘날에는 겨우 12수만 전합니다.

위 시는 〈춘향가〉의 한 대목을 읊은 것입니다.

붉은 다리는 오작교이고	紅橋烏鵲是

광한루는 조선 후기에 들어와서 청춘남녀가
사랑을 나누는 공간이 되었지요.
바로 춘향과 이도령의 사랑 이야기에 나오는
배경이 된 것입니다.

수양버들은 한 누대를 단장했네	垂柳一樓粧
악부에 새 곡을 첨가하니	樂府添新曲
풍류의 어사랑이네	風流御史郎

이유원 〈추부해좌명승 광한루[追賦海左名勝 廣寒樓]〉, 《가오고략》

이유원 역시 《임하필기》에 판소리에 대한 귀중한 자료를 기록해 전했습니다. 신위가 당시 명창의 노래를 듣고 지은 〈관극시〉를 다루거나 명창의 노래를 직접 듣고서 모흥갑牟興甲의 노래가 가장 뛰어나다고 평가한 기록 등이 실려 있지요.

오작교가 있고, 수양버들이 서 있는 광한루에서 풍류 있는 어사랑은 물론 이도령이겠지요.

광한루 오월에 푸른 버들 늘어지고	廣寒五月綠楊垂
낭자가 타는 그네는 붉고 푸른 줄이네	娘子鞦韆絳碧絲
손에 한 가지 꺾어 다리 위에서 주니	手折一枝橋上贈
풍류 어사또는 슬픔을 이기지 못하네	風流御史不勝悲

이유원 〈광한춘廣寒春〉, 〈관극팔령 제일령觀劇 八令 第一令〉, 《가오고략》

광한루에서 그네 타는 낭자는 춘향이가 분명한데 버들가지를 꺾어서 주니, 어사또가 슬픔을 이기지 못합니다. 버들가지를 꺾어 주는 것은 이별의 증표입니다. 시의 상황이 이해가 되지 않습니다. 여기서 어

사또는 어사가 되기 전의 이도령이어야 하지 않겠습니까?

본관 자제는 가장 풍류스럽고　　　　　　　　　本官子弟最風流

열여섯 아리따운 자태는 고을에서 제일이네　　二八芳姿第一州

각 구역의 아름다운 풍경을 보려고　　　　　　爲看各區佳麗景

독서하다 한가한 날에 좋은 유람을 마련했네　讀書暇日卜淸遊

〈전화 제삼 장轉話 第三章〉

높은 누대 제일 층에 기대고서　　　　　　　　徒倚高樓第一層

갑자기 보는 곳에 시선이 고정되네　　　　　　驀然見處眼波凝

어떤 아녀자가 춘심이 동했던가　　　　　　　　是何兒女春心蕩

푸른 버들가지 끝에 그네 줄을 놀리네　　　　　綠柳枝頭弄彩繩

〈이생창 제팔 장李生唱 第八章〉

장부의 애간장을 다 녹이니　　　　　　　　　消盡丈夫一寸腸

방자가 물 건너서 향랑을 부르는데　　　　　官僮隔水喚香娘

문득 한량에게 멀리 엿보임을 당하니　　　　却被遊郎遙覘見

해당화 우거진 곳으로 급히 숨네　　　　　　海棠深處忽迷藏

〈이생창 제구 장李生唱 第九章〉

어쩔 수 없이 낭군 떠나가니　　　　　　　　無可奈何郎去矣

푸른 산 끊긴 곳에 말이 우네	青山斷處馬蕭蕭
머리 돌려 슬프게 남쪽 포구 바라보니	回首悵望南浦口
푸른 물결 푸른 풀이 암담하게 혼을 녹이네	綠波碧草暗消魂

〈향랑창 제오십 章香娘唱 第五十章〉

윤달선尹達善, 1800-1834　〈광한루악부백팔첩廣寒樓樂府百八疊〉

　　윤달선이 〈춘향가〉를 108수의 칠언절구로 지은 것의 일부입니다. 앞의 3수는 본관 사또의 자제인 이도령이 광한루에 올랐다가 그네 뛰는 춘향을 목격하고 첫눈에 반해 방자를 시켜 불러 오라고 한 장면입니다. 마지막 수는 한양으로 떠나는 이도령을 향해 춘향이 부르는 이별가입니다.

　　광한루는 신선의 세계이면서 한편으로는 청춘남녀의 사랑이 펼쳐지는 공간입니다. 조선시대 정자나 누대는 대부분 삼강오륜三綱五倫과 같은 유교의 도덕에서 기본이 되는 이념을 구현하는 장소였는데 광한루는 마치 그 이념에서 벗어난 해방구 같습니다.

글자 없는
묘비

호랑이는 죽어서 가죽을 남기고, 사람은 죽어서 이름을 남긴다는 말이 있습니다. 그만큼 사람에게는 그 이름이 중요하다는 것이겠지요. 그래서인지 옛 유명 인사들의 묘지 앞에는 저마다 생전의 명예로운 내력을 새긴 비석이 서 있게 마련입니다. 특히 당상관(정삼품 상上 이상의 품계에 해당하는 벼슬) 이상을 지낸 사람의 호화로운 신도비神道碑에는 글자가 빼곡합니다. 그만큼 살아 있는 동안 훌륭한 업적을 많이 쌓은 것이겠지요.

여러 비문을 읽어 보면 그 내용이 크게 다르지 않습니다. 어릴 때 영리했고, 조숙해 어른처럼 행동했고, 효심이 깊어 부모의 상을 치를 때는 건강을 해쳐 가며 슬퍼했고, 집안사람들에게 관대했고, 벼슬에 나아가서는 임금에게 충성하고 백성들에게 인자한 정치를 베풀었고, 도덕과 학문에 뛰어났다는 것입니다. 그런데 이 이야기들은 모두 사실일까요?

돌에 입이 있다면 마땅히 할 말이 있으리라

충주의 아름다운 돌이 유리 같은데	忠州美石如琉璃
천 사람이 깎아 내어 만 마리 소로 옮기네	千人劚出萬牛移
돌을 어디로 옮기는 것인가 물어보자	爲問移石向何處
가져가서 권세가의 신도비를 만들 거라네	去作勢家神道碑
신도비의 비문은 누가 지었는가	神道之碑誰所銘
필력이 굳세고 문법이 기이하네	筆力倔強文法奇
모두 말하길 이 공께서 세상에 있을 때	皆言此公在世日
타고난 자질과 학업이 또래보다 뛰어났고	天姿學業超等夷
임금을 섬김에는 충성하고 정직했고	事君忠且直
집에서는 효도하고 인자했고	居家孝且慈
문전엔 뇌물을 끊었고	門前絶賄賂
곳간엔 재화가 없었고	庫裏無財資

말은 능히 세상의 법을 이루었고	言能爲世法
행실은 충분히 사람들의 사표가 되었고	行足爲人師
평생 나아가고 물러나는 사이에	平生進退間
하나라도 합당하지 않은 것이 없어서	無一不合宜
비석에 새겨서 남기는 바인데	所以垂顯刻
영원히 없어지지 않기를 바라네	永永無磷緇
이 말을 믿든 못 믿든 간에	此語信不信
타인이 알든 알지 못하든 간에	他人知不知
마침내 충주 산 위의 돌은	遂令忠州山上石
매일 깎이고 달마다 없어져서	日銷月鑠今無遺
지금은 남은 것이 없네	
하늘이 둔한 물건을 내어 다행히 입이 없으니	天生頑物幸無口
만일 돌에 입이 있다면 마땅히 할 말이 있으리라	使石有口應有辭

권필 〈충주석, 백낙천을 본받다[忠州石 效白樂天]〉, 《석주집石洲集》

석주 권필의 〈충주석〉이라는 시입니다. 충주는 예로부터 좋은 돌의
생산지였습니다. 지금도 오석烏石과 같은 좋은 돌로 된 재료가 나기로
유명합니다. 시의 내용은 더 설명할 필요가 없을 듯합니다. 참으로 돌
에게 입이 있다면 하고 싶은 말이 많겠지요. 권필은 평생 벼슬에 나가
본 적이 없고 오로지 시인으로 행세했습니다. 그의 짧은 생애는 아래
글에서 대략 알 수 있습니다.

벼슬 없는 선비 권필이라는 자가 있었는데 자는 여장汝章이고 참의參議 권벽權擘의 아들이다. 권벽은 문장에 능했는데 권필은 어려서부터 가정의 가르침을 받아서 약관弱冠에 문예文藝가 이루어졌다. 소릉少陵(두보)을 배워서 지은 작품이 몹시 맑고 아름다웠다. 나중에 시를 짓는 사람들은 그를 제일로 추대했다. 그런데 그의 시가 시휘時諱(그 시대에 맞지 아니하는 말이나 행동)에 거슬려서 임자년1612, 광해군 4에 정형廷刑을 받고 북쪽 변경으로 유배당했는데 도성 문을 나가다가 죽었다. 그의 나이 44세였다. 원근에서 이 소식을 들은 자들은 탄식하며 슬퍼하지 않음이 없었다. 사람됨도 역시 맑고 소탈하고 거침없이 행했고 사소한 예절에 얽매이지 않았다. 과거 공부도 포기하고 세속 밖에서 방랑하며 시와 술로 스스로 즐겼다. 임진왜란을 당해 강화江華로 흘러 들어가 살고 있을 때 배우러 오는 자들이 매일 문전에 이르렀다. 심지어 식량을 싸 들고 짚신을 신고 천 리 먼 밖에서 와서 따르는 자도 있었다. 그가 죽게 되자 문인들은 그가 무고함을 애통히 여기고서 과거를 포기하고 세상과 관계를 끊어 버린 자들이 많았다. 저술한 《석주집》이 세상에 전해진다. 아들 하나가 있고, 그 문인으로는 심척沈惕이 있다.

신흠1566-1628 〈청창연담 하晴窓軟談下〉,《상촌집》

권필은 벼슬은 하지 않았지만 문학적 재능이 빼어나 따르는 사람이 많았습니다. 그러나 광해군의 어머니 쪽 친척을 풍자한 〈궁류시宮柳詩〉 때문에 44세의 젊은 나이에 죽고 말았습니다. 참으로 비극적인 필화

사건이었지요.

청석은 남전산에서 나오는데   青石出自藍田山

수레에 실어서 장안으로 왔네   兼車運載來長安

공인이 갈고 쪼아서 무엇을 만들려 하는가   工人磨琢欲何用

돌은 말할 수 없으니 내가 대신 말하리라   石不能言我代言

인가의 묘지 앞 신도비가 되고 싶지 않으니   不願作人家墓前神道碣

묘지 흙이 마르기 전에 이름이 이미

소멸한다네   墳土未乾名已滅

관가 도로 옆 덕정비가 되고 싶지 않으니   不願作官家道傍德政碑

실록을 새기지 않고 거짓말을 새긴다네   不鑴實録鑴虛辭

안씨와 단씨의 비석이 되고 싶으니   願為顏氏段氏碑

태위와 태사의 일을 새기고 싶네   雕鏤太尉與太師

이 두 조각 곧고 바른 바탕에 새겨서   刻此兩片堅貞質

두 사람의 충렬한 자태를 그리고 싶네   狀彼二人忠烈姿

의로운 마음은 돌처럼 우뚝 솟아

굴러가지 않고   義心若石屹不轉

절의에 죽은 명성 전파되어 확고하게 변치 않네   死節名流確不移

분노해 주자를 내리쳤던 날을 보는 듯하고   如觀奮擊朱泚日

희열을 질타하던 때를 보는 것 같네   似見叱呵希烈時

각각 그 위에 이름과 시호를 적어서   各於其上題名謚

하나는 높은 산에 놓고 하나는 물속에 가라앉히면	一置高山一沉水
언덕과 골짜기가 변할지라도 비석은 홀로 보존되리라	陵谷雖遷碑獨存
뼈가 먼지가 되어도 이름은 죽지 않고	骨化爲塵名不死
오래 불충 불렬한 신하에게	長使不忠不烈臣
비석을 보게 하면 절개 바꿔 사람됨을 사모하리니	觀碑改節慕爲人
사람됨을 사모해 임금 섬기기를 권하네	慕爲人勸事君

백거이772-846　〈청석, 충렬을 격려하다[靑石 激忠烈也]〉,《백씨장경집白氏長慶集》

권필이 본받았다고 한 백낙천白樂天의 시입니다. 낙천은 백거이의 자입니다. 백거이는 이백과 두보와 함께 당나라 3대 시인으로 꼽히지요.

남전산藍田山은 중국 섬서성에 있는 산인데 고대부터 옥의 생산지로 유명했습니다. 중국의 돌도 신도비나 덕정비德政碑는 되고 싶지 않았나 봅니다. 돌인들 거짓투성이 문자를 제 몸에 새기고 싶겠습니까?

안씨는 태사太師 안진경顔眞卿을 가리킵니다. 당나라 덕종德宗 때 반란을 일으킨 이희열李希烈을 토벌하러 갔다가 도리어 이희열에게 사로잡혔지요. 그러나 안진경은 끝까지 굴복하지 않고 "내 나이 80세이지만 절의를 지켜 죽을 줄 알 뿐이다."라고 했습니다. 결국 적에게 목이 졸려 죽었습니다.

단씨는 태위太尉 단수실段秀實입니다. 당나라 대종代宗 때 주자朱泚가 반란을 일으키자 단수실이 무찌르러 나갔습니다. 단수실은 거짓으로 주자에게 투항해 기회를 노렸습니다. 주자의 홀笏(벼슬아치가 임금을 만날 때에 손에 쥐던 물건)을 빼앗아 그의 이마를 치고 꾸짖었지요. 그러나 단수실은 적에게 죽고 말았습니다.

글자 없는 비석에 얽힌 사연

전남 장성군 황룡면 아치실마을에 있는 백비白碑를 찾아가 둘러보았습니다. 백비는 하얀 비석이란 뜻이 아니고 글자가 없다는 의미입니다. 백비는 박수량朴守良, 1491-1554의 묘소 앞에 있는 비석입니다. 묘지 옆에는 주인을 알 수 있는 비석이 있고 아래에는 문인 석상 두 개가 세워져 있는데 처음부터 있던 것은 아니고 근래 후손들이 세운 것입니다.

박수량은 자가 군수君遂, 호는 아곡莪谷, 시호는 정혜貞惠인데 예조참판, 형조판서, 호조판서 등을 지내며 38년 동안 관직에 있었습니다. 그의 생애는 《조선왕조실록》에 실린 그의 〈졸기卒記〉를 통해 살펴볼 수 있습니다.

지중추부사 박수량이 죽었는데 전교하기를, "청렴하고 매사에 조심성이 있는 사람이었는데 이제 그가 죽었으니 내가 매우 슬프다. 특별히 치부致

賻(임금이 신하가 죽었을 때 부조로 돈이나 물품을 보내는 일)하라."라고 했다.【수량은 호남湖南 사람이다. 초야에서 나와 좋은 벼슬을 두루 거쳤으며 어버이를 위해 여러 번 지방에 보직을 청했다. 일처리가 매우 정밀하고 자세했으며 청백淸白함이 더욱 세상에 드러났다. 그의 아들이 일찍이 서울에 집을 지으려 하자 그가 꾸짖기를 '나는 본래 시골 태생으로 우연히 성은聖恩을 입어 이렇게까지 되었지만 너희들이 어찌 서울에 집을 지을 수 있겠느냐.' 라고 했으며 그 집도 십여 간(여섯 자 제곱의 넓이)이 넘지 않도록 경계했다.

중종께서 특별히 은혜를 베풀어 포장해 지위가 육경六卿에까지 이르렀지만 그가 죽을 때 집에는 저축이 조금도 없어서 아내와 첩들이 상여를 따라 고향으로 내려갈 수가 없었으므로 대신이 임금께 청해 겨우 장사를 치렀다. 비록 덕망은 없었지만 청백의 절개 한 가지는 분명히 세웠으니 세상에 모범이 될 만했다. 그러나 지나치게 청백해 여유가 없어 생기는 실수가 많았다. 그의 청렴은 천성에서 나온 것이지 학문의 공功이 있어서가 아니었다.】

사신은 논한다. 박수량은 건사建事하는 재능이 없었고 포용하는 국량이 작았는데, 다만 청렴하고 몸가짐을 조심했을 뿐이다.

《조선왕조실록》 명종 9년 갑인1554, 1월 19일 경신 기사

박수량은 관직 생활을 하면서 서울에서 셋방에서 살았고, 죽은 후에는 고향 장성까지 상여를 끌고 갈 돈이 없었습니다.

《조선왕조실록》명종 9년 갑인1554, 1월 28일 기사에 "상이 조강에

나아갔다. 대사헌 윤춘년尹春年이 아뢰기를, '죽은 박수량은 청백한 사람으로 서울에서 벼슬할 때도 남의 집에 세 들어 살았습니다. 본집은 장성에 있는데, 그의 가속家屬들이 상여를 모시고 내려가려 하나 그들 형편으로는 어렵습니다. 이 사람을 칭찬하여 장려한다면 청백한 사람들이 장려될 것입니다.'라고 했다. 상이 이르기를, '수량은 청렴하고 조심성이 있다는 이름이 있은 지 오래되었는데, 갑자기 이 지경에 이르렀으니 내가 매우 슬프다. 칭찬하여 장려하는 것이 옳다.' 하였다."라고 전합니다.

후손들은 박수량의 묘지 앞에 백비를 세우고 그 청백을 상징하게 했습니다. 백비는 아무런 말도 하지 않고 인생의 가치가 돈뿐만은 아니라는 것을 주장하는 듯합니다.

백비는 박수량의 묘소 앞에 있는 비석입니다.
백비는 하얀 비석이 아니라 글자가 없다는 의미이지요.

그늘 속에서
그림자를
쉬게 하는 곳

담양 식영정息影亭은 아주 작은 정자입니다. 앞면은 기둥이 세 개인 두 칸이고, 측면도 두 칸인 팔작지붕의 조촐한 건물인데 온돌방 하나와 마루가 설치되어 있습니다. 이 조그만 정자가《신증동국여지승람》에 창평(담양 지역의 옛 지명)의 대표적인 누정으로 소개되어 있는 것은 결코 건물 때문이 아닐 것입니다. 당시 학문과 시문으로 유명했던 인사들은 이곳을 드나들며 교유했습니다.

《장자莊子》에 실린 〈어부漁父〉에 공자에게 은자인 어부가 충고하기를, "그늘 속에 들어가서 그림자를 쉬게 한다[處陰息影]"라고 했습니다. 식영 정이라는 이름은 바로 여기서 가져온 것입니다. 세속 생활을 그만두고 물러나 한가롭게 지낸다는 뜻이지요.

식영정 주인은 석천 임억령입니다. 일찍 벼슬에 나가 승정원 승지와 동복현감을 지냈는데 을사사화 때 동생 임백령林百齡이 소윤小尹 윤원형尹元衡과 같은 편이 되어 인종의 외척인 대윤大尹의 인사들을 쫓아내자 형제의 인연을 끊고 시골로 내려갔습니다. 나중에 다시 관직에 복귀해 동부승지와 강원도관찰사, 담양부사 등을 지냈지요. 그는 호남 문단의 중요한 인물로서 당시 전라도의 유명 인사인 청송聽松 성수침成守琛, 하서河西 김인후金麟厚, 눌재訥齋 박상朴祥, 백호白湖 임제林悌, 면앙정俛仰亭 송순宋純, 소쇄옹瀟灑翁 양산보梁山甫, 고봉高峰 기대승奇大升, 옥봉玉奉 백광훈白光勳 등과 왕래했습니다.

식영정은 석천의 사위 서하당棲霞堂 김성원金成遠이 장인을 위해 성산星山 언덕에 세운 정자입니다. 송강松江 정철鄭澈과 제봉霽峯 고경명高敬命이 가까이에 살면서 식영정에서 함께 시문을 지으며 어울렸기 때문에 사람들은 석천과 서하당과 송강과 제봉을 네 명의 신선이라 하여 '식영정 사선四仙'으로 불렀습니다.

뭉게뭉게 오르는 고개 위 구름　　　溶溶嶺上雲

나오자마자 다시 거두어지네　　　纔出而還斂

아무 일 없으니 누가 구름과 같은가 　　　　無事孰如雲

서로 보면서 둘 다 싫증내지 않네 　　　　相看兩不厭

임억령 〈서석산의 한가한 구름[瑞石閑雲]〉, 〈식영정은 성산에 있다[息影亭在星山]〉
《석천시집》

내가 방금 물가 난간에 기댔는데 　　　　吾方憑水檻

해오라기 또한 모래 여울에 서 있네 　　　　鷺亦立沙灘

백발은 비록 서로 같지만 　　　　白髮雖相似

나는 한가한데 해오라기는 한가하지 않네 　　　　吾閑鷺不閑

임억령 〈물가 난간에서 물고기를 구경하다[水檻觀魚]〉, 〈식영정은 성산에 있다〉
《석천시집》

그늘이 있어 모두 쉴 만하니 　　　　有陰皆可息

어느 땅이건 오이 심기에 마땅하지 않겠는가 　　　　何地不宜瓜

보슬비 속에 호미 들고 서니 　　　　細雨荷鋤立

소소히 푸른 도롱이를 적시네 　　　　蕭蕭沾綠蓑

임억령 〈양지바른 비탈에서 오이를 심다[陽坡種瓜]〉, 〈식영정은 성산에 있다〉
《석천시집》

길마다 인적이 모두 끊기고 　　　　萬徑人皆絶

푸른 솔은 양산처럼 모두 기울었네 　　　　蒼松蓋盡傾

바람 없는데 때때로 눈덩이 떨어지니 無風時落片

외로운 학이 꿈에서 막 깨어나네 孤鶴夢初驚

임억령 〈푸른 소나무의 밝은 눈[蒼松晴雪]〉, 〈식영정은 성산에 있다〉, 《석천시집》

비가 씻은 바위는 먼지 없고 雨洗石無垢

서리가 침범한 소나무엔 비늘이 있네 霜侵松有鱗

이 늙은이는 오직 알맞음만 취하니 此翁唯取適

주나라를 낚는 사람은 아니네 不是釣周人

임억령 〈낚시터의 두 그루 소나무[釣臺雙松]〉, 〈식영정은 성산에 있다〉, 《석천시집》

밝은 달 푸른 솔 아래 明月蒼松下

외로운 배 낚시터에 매 놓았네 孤舟繫釣磯

모래밭 앞의 백로 한 쌍 沙頭雙白鷺

다투어 술자리를 스치며 날아가네 爭拂酒筵飛

임억령 〈송담에 배를 띄우다[松潭泛舟]〉, 〈식영정은 성산에 있다〉, 《석천시집》

 임억령의 〈식영정〉은 모두 14수인데 그중의 일부입니다. 식영정 주변의 여러 경치를 읊었습니다. 그 옛날 식영정에서 보였던 뛰어난 경치인 승경들이 지금은 광주호의 댐 속으로 잠기고 말았습니다. 이제는 이 시를 통해 상상만 할 수 있을 뿐입니다.

 "서로 보면서 둘 다 싫증내지 않네."라는 구는 이백의 〈홀로 경정산

《장자》에 실린 〈어부〉에 공자에게
은자인 어부가 충고하기를,
"그늘 속에 들어가서 그림자를 쉬게
한다."라고 했습니다. 식영정이라는
이름은 바로 여기서 가져온 것입니다.
세속 생활을 그만두고 물러나
은거해 한가롭게 지낸다는 뜻이지요.
식영정 가까이에 있는 시비에는
정철의 〈성산별곡星山別曲〉이 쓰여
있습니다.

에 앉아서[獨坐敬亭山])의 구절을 그대로 사용했습니다. "주나라를 낚는 사람"은 강태공姜太公이라 불리는 강여상姜呂尙입니다. 태공망太公望이라고도 하지요. 위수渭水 물가의 반계磻溪에서 낚시질하다가 주周나라 문왕文王을 처음 만나 사부師傅로 추대된 뒤에 문왕의 아들인 무왕武王을 도와서 은나라를 멸망시키고 천하를 평정했습니다. 그때 그의 나이가 80세였다고 합니다. 강태공의 낚시질은 결코 은자처럼 세월을 낚고자 한 것이 아니었고, 천하를 낚고자 한 야심가의 야망이었다고 할 수 있습니다.

산과 물이 둘 다 맑은 곳에	山水雙清地
금과 독서를 즐기는 작은 정자 있네	琴書一小亭
상쾌하기는 봄이 바람을 탄 듯하고	爽同身御氣
높기는 손으로 별을 잡을 수 있네	高可手攀星
돌 계곡물이 멀리서 대나무 홈통으로 통하고	石澗遙通筧
솔바람은 절로 마당으로 들어오네	松風自入庭
백련이 피었다고 듣는다면	如聞白蓮發
달빛 타고 숲속 문을 방문하리라	乘月訪林扃

고경명1533-1592 〈식영정 주인께 부치다[寄息影亭主人]〉,《제봉집霽峯集》

식영정 주인, 석천 임억령에게 부친 시입니다. 한적한 식영정의 모습이 눈에 선합니다. 고경명에게는 이 시 외에 〈식영정이십영息影亭二十詠〉

을 비롯해 식영정을 노래한 시가 여럿 있습니다.

제봉 고경명은 20세에 진사시에 장원으로 급제했고, 이후 문과文科에도 장원급제했습니다. 홍문관 교리를 거쳐 울산군수로 좌천되었다가 파직당하고 고향 광주光州로 돌아와서 19년 동안 은거했지요. 그 후 다시 관직에 나가 서천군수 등을 지냈는데 율곡栗谷 이이李珥의 추천으로 명나라 사신을 접대하는 접반사가 되었습니다. 문장이 뛰어났기 때문이지요. 품계가 통정대부까지 올랐으나 동래부사를 끝으로 관직에서 물러났습니다.

고경명은 1592년 임진왜란 때 큰아들 고종후高從厚와 둘째 아들 고인후高因厚를 데리고 의병을 일으켰습니다. 전라좌도 의병대장에 추대되어 여러 전투에서 공을 세웠지요. 고경명과 고인후는 금산 전투에서 순절했고, 고종후는 제2차 진주성 전투에서 순절했습니다. 이들 삼부자는 나중에 나라의 정려(충신, 효자, 열녀 등을 그 동네에 정문旌門을 세워 표창하던 일)를 받고 표충사에 모셔졌습니다.

세속을 피하는
산꼭대기
외로운 정자

물고기의 즐거움을 알려고   欲識魚之樂

아침 내내 돌 여울을 굽어보았네   終朝俯石灘

내 한가함을 남들이 모두 부러워하는데   吾閒人盡羨

오히려 물고기의 한가함에 미치지 못하네   猶不及魚閒

정철1536-1593 〈물가 난간에서 물고기를 구경하다[水檻觀魚]〉, 〈식영정잡영
10수息影亭雜詠十首〉, 《송강집松江集》

몸은 자진의 곡구에 감추고   身藏子眞谷

손은 소평의 오이를 심네   手理邵平瓜

빗속에 때때로 채소밭을 돌며   雨裏時巡圃

한가히 짧은 도롱이를 걸쳤네   閒來着短蓑

정철 〈양지바른 언덕에 오이를 심다[陽坡種瓜]〉, 〈식영정잡영 10수〉, 《송강집》

높은 정자에서 깊고 맑은 물을 내려다보고   危亭俯凝湛

한 번 올라가니 배에 오르는 듯하네   一上似登船

반드시 신물이 있는 것은 아닌데   未必有神物

숙연히 밤에 잠이 없네	肅然無夜眠

정철 〈환벽용추環碧龍湫〉, 〈식영정잡영 10수〉, 《송강집》

배를 늙은 소나무 아래 매어 놓으니	舟繫古松下
객의 등불이 비 오는 낚시터에서 차갑네	客燈寒雨磯
물에 부는 바람이 술을 깨러 들어오고	水風醒酒入
모래밭의 새는 사람 가까이 나네	沙鳥近人飛

정철 〈송담에 배를 띄우다[松潭泛舟]〉, 〈식영정잡영 10수〉, 《송강집》

안개 낀 풀밭에서 소에게 꼴 먹이고	飯牛煙草中
석양에 피리를 부네	弄笛斜陽裏
시골 가락이 곡조를 이루지 못하지만	野調不成腔
맑은 음률이 절로 손가락 놀림에 응하네	清音自應指

정철 〈교외 목동의 피리 소리[平郊牧笛]〉, 〈식영정잡영 10수〉, 《송강집》

송강 정철이 식영정의 경치가 뛰어난 열 곳을 읊은 시 중에 일부입니다. 정철은 식영정에서 우리말 가사문학인 〈성산별곡〉을 짓기도 했습니다.

정철은 원래 서울에서 태어났습니다. 인종의 후궁이 된 큰누이 덕분에 궁궐 출입을 하며 지냈지요. 그러나 을사사화와 양재역벽서 사건으로 집안이 풍비박산이 나서 담양 창평에 정착하게 되었습니다. 그리고 식영정 앞 환벽당環碧堂 주인 김윤제金允悌의 제자가 되어 학문에 힘썼지요. 김윤제는 을사사화 때 나주목사를 그만두고 낙향해 은거한 인사였습니다.

정철은 관직에 나아가 파란만장한 길을 걸었습니다. 동인과 서인의 당파 싸움이 극에 이르렀던 시기에 서인의 선봉장이 되었지요. 기축옥사己丑獄事를 이끌어 1천여 명의 반대 당파 사람들을 참혹하게 죽인 사건은 지금까지도 논란거리입니다.

은자가 세속을 피하려는 듯	幽人如避世
산꼭대기에 외로운 정자를 세웠네	山頂起孤亭
진퇴는 아침에 주역을 보고 정하고	進退朝看易
흐리고 맑음은 저녁에 별을 보고 살피네	陰晴夜見星
이끼 무늬는 옛 벽에 올랐고	苔紋上古壁
솔방울은 빈 마당에 떨어지네	松子落空庭
이웃에 금을 가진 객이 있어서	隣有携琴客
때때로 대나무 문을 두드리네	時時叩竹扃

정철 〈식영정의 시에 차운하다(次息影亭韻)〉, 《송강집》

정철은 대사헌을 지낼 때 반대당의 공격을 받고 낙향해 담양 고서면에 죽록정竹綠亭이라는 초막을 짓고 살았는데 나중에 후손들이 송강정이라고 이름을 바꿨습니다.

환벽당은 담양의 송강정이나 식영정과 함께
송강이 정치적으로 세력을 잃고 자리에서
물러날 때마다 그림자를 쉬는 안식처였습니다.

지난날 석천 노인을 찾아가 뵙고	昔拜石川老
소나무 아래 정자에서 배회했었네	徘徊松下亭
인간 세상에 여전히 신을 벗어 놓았는데	人間猶脫屣
천상에서 스스로 별을 탔으리라	天上自騎星
석양에 구름이 산굴에서 나오고	落日雲生岫
가을바람에 낙엽이 마당에 가득하네	秋風葉滿庭
그대 만나 승경을 말하니	逢君言勝槪
나도 그윽한 문을 두드리고 싶네	吾欲款幽扃
나의 벗 김강숙이	吾友金剛叔
소나무 사이에 초가 정자를 지었네	松間作草亭
마을 이름은 지금 석리라고 부르고	里名今道石
산 이름은 예부터 성산이라 들었네	山號舊聞星
수레 매어 승경을 찾으려 생각하고	命駕思探勝
마음을 열고 오래 마당을 거닐리라	開襟佇步庭
봄바람 불면 서로 약속할 수 있으니	春風可相約
붉은 꽃과 푸른 잎이 숲속 문을 비추리라	紅綠映林扃

기대승 〈식영정 시에 차운하다[次息影亭韻]〉,《고봉집》

고봉 기대승이 식영정 시에 차운한 5수 가운데 2수입니다. 김강숙
金剛叔은 김성원1525-1592입니다. 자는 강숙剛叔이고, 호는 서하당입니다.
임진왜란 때 동복현감으로서 각지의 의병과 힘을 합쳐 현민들을 보호

했습니다. 석천의 사위로 장인을 위해 식영정을 세웠고, 그 자신도 식영정 바로 아래에 서하당을 지어서 경영했습니다.

기대승은 퇴계 이황과 13년 동안 학문과 처세에 관한 편지를 주고받았던 학자입니다. 그 가운데 1559년에서 1566년까지 8년 동안 전개한 사단四端과 칠정七情에 관한 사칠논변四七論辯은 조선 유학사상에 깊은 영향을 끼쳤습니다.

소쇄원을 찾아갔다가
식영정에 올랐네

남쪽 지방은 승경지가 많아서	維南多勝地
가는 곳마다 숲속 정자가 있네	隨處有林亭
내가 누운 마을은 기촌인데	我臥村爲企
그대가 사는 산은 성산이네	君居山是星
친소가 세상의 분수와 같고	親疏同世分
오고감이 일가의 마당 같네	來往一家庭
필마로 항상 이를 것이니	匹馬尋常到
소나무 문을 부디 잠그지 마오	松關愼勿扃

식영정과 환벽당은	息影與環碧
지금 노나라 위나라 정자 같네	今爲魯衛亭
시내와 산은 비단처럼 밝고	溪山明似錦
집들은 별처럼 늘어섰네	第宅列如星
스스로 풍월을 함께할 수 있으니	自可同風月
원래 집과 마당이 다르지 않네	元非異戶庭
다만 가련한 소쇄원의 노인은	只憐瀟灑老
시든 풀 속에 구름 속 집이 매몰되었네	衰草沒雲扃

〈소쇄원瀟灑園과 식영정과 환벽당은 한 골짜기 안의 세 곳의 승지[一洞三勝]라
칭해진다. 이때 소쇄옹瀟灑翁은 이미 세상을 떠났기 때문에 끝 구절에 옛날을
추억하는 뜻이 있다.〉

송순宋純, 1493-1583 〈상사 김성원의 시에 차운하다. 2수[次金上舍成遠息影亭韻 二首]〉
《면앙집俛仰集》

송순은 시에 붙인 작가의 설명에 "이때는 가정嘉靖 계해년1563 가을
인데 주인 김군金君이 임석천林石川을 위해 이 정자를 새로 지었다. 석천
이 와서 휴식[息影]했다."라고 했습니다.

면앙정 송순은 〈면앙정가〉로 유명한데 담양에 그의 면앙정이 있습
니다. 일찍이 홍문관 직제학, 사간원 대사간, 전주부윤, 나주목사 등을
지냈고, 1569년 77세에 한성부윤, 의정부 우참찬 겸 춘추관사를 끝으
로 벼슬을 사양하고 향리로 물러났습니다. 50여 년의 관직생활에서
큰 어려움이 없었던 것은 그의 인품이 뛰어났기 때문입니다. 일찍이 이

황은 그를 평해 "하늘이 낸 완벽한 사람"이라 했고, 성수침은 "천하의 선비들이 모두 송순의 문하로 모여들었다."라고 했습니다.

식영정은 소쇄원과 환벽당에서 걸어서 10여 분 거리에 있습니다. 그래서 그 옛날 형제 나라로 불렸던 노나라와 위나라의 정자라고 한 것입니다.

석양에 소쇄원을 찾아갔다가	薄暮尋瀟洒
식영정으로 와서 올랐네	來登息影亭
산 안색은 여전히 어두운 색인데	山顔猶暝色
하늘 끝에는 이미 밝은 별이 떴네	天際已昭星
대나무 그림자는 외로운 평상에 침범하고	竹影侵孤榻
소나무 그늘은 한 마당에 가득하네	松陰滿一庭
푸른 술 단지 놓고 오늘 밤 이야기하니	靑樽今夜話
몸이 신선 집에 온 듯하네	身若到仙扃

임훈 1500-1584 〈식영정〉, 《갈천집葛川集》

임훈은 광주목사를 지냈습니다. 목사 시절에 소쇄원과 식영정을 방문한 것입니다.

열두 기이한 봉우리가 돌아감을 아는 듯	十二奇峯嶺略歸
골짜기 안 꽃의 이슬이 나그네 옷을 적시네	洞中花露濕征衣

소쇄원은 양산보梁山甫, 1503-1557가 건립한 정원입니다.
소쇄라는 말은 만사에 거리낌 없이 구속당하지 않고
세속을 초월한다는 뜻입니다.

내일 해양의 별이 흩어진 후 　　　　　明日海陽星散後

초천의 부연 달빛이 꿈속에서 공연히 날리리라 　　楚天烟月夢空飛

유희경 〈식영정에서 제봉에게 받들어 이별하다[息影亭奉別霽峯]〉,《촌은집》

유희경이 식영정에서 제봉 고경명에게 이별시로 준 것입니다. 해양 海陽은 광주光州의 옛 이름이고, 초천楚天은 남쪽 지역의 하늘이라는 뜻 입니다.

매번 남쪽 고을 서석산을 추억하니 　　　　每憶南州瑞石山

몇 칸의 정사가 대숲 사이에 있었네 　　　　數椽精舍竹林間

그때의 미녀는 지금 어디 있는가 　　　　　當年美女今何在

검은 머리 붉은 얼굴을 꿈속에서 보네 　　　綠鬢朱顔夢裏看

유희경 〈식영정에서 노래한 미녀를 꿈에서 보다[夢見息影亭美女歌]〉,《촌은집》

서석산瑞石山은 무등산의 별칭입니다. 무등산 아래 식영정에서 놀았 던 추억을 읊은 것입니다. 그런데 그 추억 가운데 노래했던 미인이 가장 인상적이었나 봅니다. 그래서 꿈속에도 나타났던 것이겠지요.

유희경은 부안 기생 매창의 정인으로 잘 알려진 시인입니다. 매창을 꿈꾸어야 할 시인이 식영정의 미인을 생각하고 있었네요.

정자의 운명은
그 주인과
함께하는 법

빈 강섬의 방초는 해마다 푸른데	空洲芳草綠年年
하의 걸친 옛 적선은 볼 수 없네	不見荷衣舊謫仙
선골은 지금 마땅히 학으로 변했으니	金骨只今應化鶴
달 밝으면 날아서 그림자 강 하늘에 내려오네	月明飛影下江天

〈성산동에 옛날 방초주가 있다. 석천의 다른 호는
하의이다[星山洞舊有芳草洲石川一號荷衣]〉

황폐한 연못의 흰 이슬 누구를 위한 가을인가	荒池白露爲誰秋
땅 아래 연근이 적막하게 남아 있네	地底蓮根寂寞留
심어 가꾸어 좋은 나무로 이어지길 잊지 않으니	封植不忘嘉樹傳
그대가 옛 풍류를 계승함이 기쁘네	喜君能繼舊風流

〈명양鳴陽의 성산동星山洞에는 서하당과 식영정이 있는데 석천 임공林公이 일찍이
그곳에서 살았다. 수석과 연못과 누대의 아름다운 경치들이 모두 석천의 여러
시와 송강 정鄭 상공의 〈성산별곡〉에 드러나서, 한 시대의 제현들이 오가면서
시를 읊조리고 구경하지 않는 이가 없었으니, 그 풍류와 성대했던 일을 지금도
오히려 상상해 볼 수 있다. 그런데 이미 황폐해진 지 백여 년이 되어 옛날의 경관을
회복할 수 없게 되었다. 정리鄭火 군은 송강 정 상공의 손자이다. 같은 동에 살면서
이 지경에 이른 것을 일찍이 한탄하다가, 마침내 옛터에 나아가 수목을 쳐내어

길이 통하도록 하고, 연못을 고쳐서 넓혔는데 한 길 깊이에 이르자 연뿌리가
있었다. 흙 속에 서리어 죽지 않았으니 또한 기이하다! 정군이 그 사실을 기록하고
아울러 두 편의 절구로 지어 보여 주었다. 나는 평소 석천의 품격을 사모했고, 또한
정 군의 뜻을 가상히 여기고 그 운으로 시를 지어 부친다.〉

김수항 金壽恒, 1629-1689   《문곡집文谷集》

명양은 창평의 옛 이름입니다. 정리는 정철의 손자로서, 정홍명鄭弘溟
의 아들인데 벼슬은 현감을 지냈습니다.

식영정 사선이 세상을 떠나자 백여 년이 못 되어 식영정은 완전히
황폐해지고 말았습니다. 초목이 우거져 길이 그 속에 파묻히고 연못에
연꽃도 사라진 지 오래였지요. 그런데 길을 뚫고 매몰된 연못을 다시
파내자 기적같이 연뿌리가 그곳에 살아 있었습니다. 정리는 이러한 사
연을 적고, 두 편의 절구를 지어 김수항에게 보여 주었습니다. 이에 김
수항이 서문과 함께 시를 지어 준 것입니다.

식영정은 고 임석천의 옛 터이다. 석천은 명종 을사년에 사화士禍가 장차
일어날 것을 알고 관직에 뜻을 끊고 물러나서 남쪽 지방으로 돌아왔다.
창평 성산 아래에 한 작은 정자를 짓고 식영息影이라는 편액을 달고 기문
을 지어 뜻을 보였다. 정자 북쪽에 서하당 옛 터가 있다. 또 방초주芳草洲,
자미탄紫薇灘, 노자암鸕鷀巖, 금헌琴軒, 월호月戶 등 여러 절경이 있다. 하서
와 제봉과 우리 송강 선조께서 한 골짜기 안에서 노닐며 서로 따랐다. 그
유적이 역력해 지금도 사람들이 전해 외울 수 있다.

《송강유고松江遺稿》안에 또한 〈식영정잡영息影亭雜詠〉이 실려 있는데 "몸은 자진의 곡구에 감추고, 손은 소평의 오이를 심네[身藏子眞谷 手理邵平瓜]"와 "만고의 푸른 이끼 낀 바위를, 산에 사는 노인이 눕는 침상으로 만들었네[及萬古蒼苔石 山翁作臥床]"라는 등의 구가 있다. 그 고풍高風과 원조遠操를 여기에서 보니, 또한 상상할 수 있다. 지금 그 후손이 영락해 단지 외손 약간 명이 있을 뿐이어서 옛 가업을 보존해 지킬 수 없었다. 전전하다가 타인의 소유물이 되었다. 나의 족질族姪 민하敏河가 전현前賢의 유지가 매몰되어 농부와 시골 노인들의 거처가 된 것을 애석해하고, 마침내 사들여서 중수重修했다. 나에게 기문을 써 달라고 요청했다.

내가 말하기를 "너의 뜻은 숭상할 만하다. 그러나 단지 천석泉石과 원림園林의 절경만 사랑하고 그 문장과 덕업의 훌륭함을 사모할 줄 모른다면 거의 그 말단만 취하고 그 본분을 버리는 것이 아니겠는가? 지령地靈과 인걸人傑은 옛 말에서 검증할 수 있는데 산천은 이미 지금과 옛날의 차이가 없으니 인재人材가 어찌 지금과 옛날의 다름이 있겠는가? 네가 한때의 수행하는 선비들을 방문해 벗을 통해 인덕을 보충한다는 교훈을 받고, 옛사람이 거처한 곳에서 거처하고 옛사람이 행한 바를 행하고, 우리의 문장과 덕업이 후인들의 입에서 전파되어 읊어지게 한다면 또한 오히려 지금을 옛날에 비교해도 어찌 훌륭하지 않겠는가? 어찌 위대하지 않겠는가?"라고 했다.

정호鄭澔, 1648-1736 〈식영정중수기息影亭重修記〉, 《장암집丈巖集》

정호는 송강 정철의 증손자의 아들입니다. 송시열宋時烈 문하에서 배웠고, 벼슬에 나가서는 당파 싸움에 얽혀 부침을 거듭했습니다. 두 번이나 유배를 갔지만 다행히 다시 복권되어 영의정까지 지냈지요.

이 기문은 정철의 5대손인 정민하鄭敏河, 1671-1754가 식영정을 사서 낡고 헌 곳을 고쳐 중수한 후 정호에게 부탁한 것입니다.

이 중수기를 읽어 보니 참으로 세상사가 덧없습니다. 정자의 운명은 그 주인과 함께하는 법인데 그 주인의 후손이 끊기자 정자도 남에게 넘어가고 말았던 것입니다. 이제 다행히 식영정 일대는 명승 제57호로 지정되어 나라에서 관리하게 되었습니다. 오랜 기간 흔적도 없이 사라졌던 서하당도 최근에 복원되었고요.

식영정의 아름드리 늙은 소나무와 배롱나무를 둘러보며 그 네 명의 신선들의 풍류를 상상해 봅니다.

연자루 안의
그리움은
서글프네

순천시 조곡동 죽도봉공원에는 대나무, 동백나무, 녹나무 등 고목의 수풀이 우거져 있습니다. 높은 봉우리에 서 있는 연자루燕子樓에 오르면 순천 시내를 한눈에 바라볼 수 있답니다. 그 연자루 바로 옆에 팔마비八馬碑라는 말의 동상이 서 있는데요. 연자루와 팔마비는 오래된 순천의 역사를 상징하는 고려시대의 고적입니다. 그런데 연자루와 팔마비는 원래 이곳 죽도봉공원에 있던 것이 아닙니다.

연자루는 순천의 옛 성인 승평성 남문 위의 누대였습니다. 이곳은 삼일운동이 벌어진 현장이기도 했는데 일제에 의해 철거당하고 말았습니다.

팔마비는 다행히 순천 시내 한복판에서 옛 장소를 지키고 있는데 죽도봉공원에 말 동상을 세운 것은 팔마비가 연자루와 더불어 순천의 중요한 문화재이기 때문입니다.

● 낭관이 떠나자
  누대 위 가인도
  백발이 되었다오

장일張鎰이 승평昇平 연자루燕子樓에 적은 시는 다음과 같다.

서리와 달빛 처량한 연자루	霜月凄凉燕子樓
낭관이 한 번 떠나자 꿈만 아득했네	郎官一去夢悠悠
그때 자리한 손님들은 늙음을 꺼리지 마오	當時座客休嫌老
누대 위 가인 또한 백발이 되었다오	樓上佳人亦白頭

승평은 지금의 순천부順天府이다. 장일이 일찍이 이 군의 판관을 지냈을 때 태수 손억孫億이 사랑했던 관기官妓 호호好好가 있었다. 장일이 부部를 안찰하려고 다시 왔을 때 호호는 이미 늙어 있었기 때문에 언급한 것이다. 낭관은 손억을 가리킨다.

이수광 《지봉유설》

장일1207-1276은 고려 무신정권 시대에 몽골에 여러 번 사신으로 갔고, 삼별초 토벌에도 참여했던 인물입니다.

장일의 시는 훗날 연자루를 방문한 시인들이 인용하는 고사가 되었습니다.

연자루는 순천의 옛 성인 승평성 남문 위의
누대였습니다. 일제강점기 초기까지도 사람들은
옥천 남문 다리를 건너서 연자루 아래
성문을 통해 성 안으로 들어갔습니다.

작아령 밖엔 한 그루 오수가 있고　　　鵲兒嶺外一樊樹

연자루 앞엔 팔마비가 있네　　　　　　燕子樓前八馬碑

백발의 손랑을 사람들은 웃지 마오　　　白髮孫郎人莫笑

목지도 일찍이 자지시를 읊었다오　　　牧之曾賦子枝詩

누대 밖엔 해마다 제비 나는데　　　　樓外年年燕子飛

누대 안엔 호호가 이미 늙었네　　　　樓中好好已成非

풍류 인물은 지금 어디 있는가　　　　風流人物今安在

한 곡조 비파 가락이 석양을 동반했네　一曲琵琶伴落暉

서거정　〈순천 연자루順天燕子樓〉,《사가집》

개 오獒에 나무 수樹를 쓰는 오수는 남원에 속한 역의 이름입니다. 《신증동국여지승람》에 오수의 지명에 대해 "김개인金蓋仁은 거령현居寧縣 사람인데 집에서 기르는 개를 몹시 사랑했다. 하루는 개인이 밖을 나가는데 개가 따라왔다. 개인이 술에 취해 길가에서 잠이 들었는데 들불이 일어나 사방에서 타들어 오니, 개가 가까이 있는 냇물에 뛰어 들어가서 몸에 물을 적셔 와서는 개인이 잠들어 있는 주위를 뒹굴어 풀에 물기를 뿌렸다. 이 행동을 반복해서 불은 껐으나 개는 기운이 다하여 죽고 말았다. 개인이 술을 깬 뒤에 개의 모습을 보고 노래를 지어 슬픔을 나타내고 봉분을 만들어 묻어 주고 지팡이를 꽂아 표시를 했더니, 그 지팡이가 잎이 피는 나무가 되었다. 이로 인해 그 지명을 오수라 했으니 악부樂府 중에 〈견분곡犬墳曲〉은 바로 이것을 읊은 것이다."라고 했습니다.

목지牧之는 당나라 두목杜牧의 자이고, 〈자지시子枝詩〉란 그의 〈창시悵詩〉를 말합니다. 두목이 젊은 시절 호주湖州에 놀러 갔다가 열 살쯤 되는 아리따운 여자 아이를 보았습니다. 두목은 그 아이의 모친을 찾아가서 자신이 10년 후 호주자사가 되어서 올 터이니 그때 혼인을 하겠다고 약속했습니다. 그런데 두목은 약속을 지키지 못하고 14년 후에야 호주자사가 되어 왔습니다.

그 아이는 성장해 이미 시집을 갔고, 아들까지 있었습니다. 그래서 슬퍼하며 시를 짓기를 "내가 봄을 찾은 것이 너무 늦었으니, 슬프게 아름다운 때를 한스러워할 필요가 없네. 광풍이 검붉은 꽃잎을 다 떨어뜨리고, 초록 잎만 무성하고 열매가 가지에 가득하네[自是尋春去較遲 不須惆悵恨芳時 狂風吹盡深紅色 綠葉成陰子滿枝]"라고 했습니다.

서거정은 이 시 외에도 연자루를 언급한 시를 많이 지었습니다.

말이 서울에 가면
　족할 뿐이지
　무얼 고른단 말인가

《신증동국여지승람》에 팔마비의 유래가 나와 있습니다.

　"부사府使 최석崔碩이 임기를 채워서 비서랑秘書郎으로 조정에 들어갔다. 부의 고사故事에 태수가 바뀌어 돌아가면, 반드시 말 여덟 필을 주었다. 최석이 돌아갈 때 고을 사람들이 말을 주면서, '이 중에서 좋은 말을 고르라.'라고 했다. 최석은 웃으면서 말하기를, '말이 서울에 가면 족할 뿐이지 무얼 고른단 말인가?'라고 하고, 집에 돌아와서는 그 말을 도로 돌려보냈다. 이에 고을 사람들이 이것을 받지 않으니, 최석은 말하기를, '내가 너희 고을에 있을 때에 말이 새끼를 낳은 것까지 데려왔으니, 이것은 내가 욕심이 있는 것이다.'라고 하고, 그 새끼까지 돌려보냈다. 이런 뒤로는 말을 주는 폐단이 없어졌다. 고을 사람들이 그 덕을 칭송해 비석을 세우고 팔마비라 이름 불렀다. 세월이 오래되어 비석이 땅에 넘어졌는데 나중에 최원우崔元祐가 다시 세우고 시를 짓기를, '승평에 오고 가느라 계절이 바뀌었는데, 보내고 맞이하노라 농사철 뺏은 것이 부끄럽네. 뒤에 전할 덕이 없다고 말하지 말라. 다시 최군의 팔마비를 일으켜 세웠다네[來往昇平節序移 送迎多愧奪民時 莫言無德堪傳後 復起崔君八馬碑]'라고 했다."

부사 최석이 고을 사람들이 준 말을 도로 돌려보낸 뒤로는
임기를 마친 관리에게 말을 주는 폐단이 없어졌습니다.
사람들은 그 덕을 칭송하며 팔마비를 세웠습니다.

연자루 앞엔 꽃이 천지에 가득하고   燕子樓前花滿天

꿈속 춘색을 보니 또 금년이 되었네   夢中春色又今年

강남 풍월은 한가히 주인 없으니   江南風月閑無主

마땅히 당시의 늙은 적선을 추억하리라   應憶當時老謫仙

이수광   〈강남을 꿈꾸다夢江南〉,《지봉집芝峯集》

이수광은 1616년 가을에 순천부사로 나가서 1619년에 고향으로 돌

아갔습니다. 부사로 있을 때 팔마비를 다시 세우고 그 기문을 짓기도
했지요.

순천은 산수가 아름다워서 소강남小江南이라는 별칭이 있습니다. 적
선謫仙은 속세로 귀양 온 신선이라는 뜻인데 원래 이백을 이르는 말입
니다. 여기서의 늙은 적선은 순천부사를 지낸 이수광 자신을 말합니다.

칠분의 밝은 달 옛 서주인데	七分明月古徐州
푸른 옥 소리 딸랑대는 연자루이네	碧玉琮琤燕子樓
창으로 읊었던 숭양의 한진사였는데	絶唱崧陽韓進士
백 년 세월 쇠락한 해산의 가을이네	百年搖落海山秋
서풍에 제비 떠나고 물만 공연히 흐르는데	西風燕去水空流
고금에 올라 임했던 한 누대가 머네	今古登臨逈一樓
어찌 가인의 머리가 백발이 되지 않으랴	豈有佳人頭不白
당시 장일은 부질없이 근심했네	當時張鎰枉閑愁

황현 〈연자루〉, 《매천집》

일제가 국권을 빼앗았을 때 슬프고 분함을 참지 못하고 자결한 매
천梅泉 황현의 시입니다. 광양과 구례에서 살았던 그는 여러 번 연자루
를 찾았습니다. 이 시는 1896년에 지은 것입니다.

시에서 언급한 한진사韓進士는 개성開城 출신 심원자心遠子 한재렴韓在

濂, 1775-1818을 말합니다. 그는 일찍이 순천으로 유배를 온 적이 있는데 그때 〈연루팔영燕樓八詠〉을 남겼습니다. 매천의 첫 번째 시 첫 구절은 한재렴의 시구를 그대로 인용한 것입니다.

서주徐州는 중국 강소성 서북부에 있는 지명입니다. 서주를 여기에 언급한 이유는 서주에 동아시아 연자루의 원조라고 할 수 있는 누대가 있기 때문입니다.

● 연자루 안 달빛의 밤이
오직 한 사람을 위해 기네

서주의 고故 장상서張尙書에게 사랑하는 기생 반반盼盼이 있었는데 가무를 잘하고 자태가 가히 아름다웠다. 내가 교서랑일 때 서주와 사수泗水 지역을 유람했는데 장상서가 나에게 연회를 베풀어 주었다. 술자리가 무르익자 반반을 나오게 해 흥을 돋게 했다. 흥이 넘치자, 내가 시를 주기를 "취한 교태를 이길 수 없으니, 바람에 살랑거리는 모란꽃이네[醉嬌勝不得 風嫋牡丹花]"라고 했다. 즐거움을 다한 후에 떠나왔다. 이후 전혀 소식을 듣지 못했는데 지금에 이르러 보니 거의 12년이 되었다.

어제 사훈원외랑 장중소張仲素 궤지繢之가 나를 방문해 새 시를 읊었는데

〈연자루〉 3수가 있었다. 가사가 몹시 정숙하고 아름다워서 그 이유를 물어보니 반반을 위해서 지었다고 했다. 궤지는 무녕군武寧軍에 종사한 지가 여러 해여서 반반의 전후 사정을 잘 알았다. 그래서 다음과 같이 말해주었다. 장상서가 이미 죽자 동락東洛으로 가서 장사 지냈다. 팽성彭城에 장씨張氏의 옛 집이 있었다. 집 안에 작은 누대가 있는데 이름이 연자燕子였다. 반반은 옛 사랑을 생각해 시집가지 않고 이 누대에서 생활한 지가 십여 년이었다. 적막하고 고독하게 홀로 지금까지 여전히 있다고 했다. 나는 궤지의 새 시가 사랑스럽고, 팽성에서의 옛 유람에 감개했다. 그로 인해 그 제목을 함께 해 절구 3편을 지었다.

창에 가득한 밝은 달빛 발에 가득한 서리	滿窓明月滿簾霜
이불 차갑고 등불 가물대는데 침상을 터네	被冷燈殘拂臥牀
연자루 안 서리와 달빛의 밤이	燕子樓中霜月夜
가을에 오직 한 사람을 위해 기네	秋來只為一人長

금장식 빛바랜 비단 적삼 색이 그을린 듯한데	鈿暈羅衫色似煙
몇 번이나 걸치려다가 눈물 뿌렸던가	幾回欲著即潸然
이후로 애상곡을 춤추지 않고	自從不舞霓裳曲
빈 상자 안에 쌓아 둔 지 십일 년이네	疊在空箱十一年

| 금년 봄 객이 낙양에서 돌아왔는데 | 今春有客洛陽回 |

일찍이 상서의 묘지에 갔다 왔다네	曾到尙書墓上來
듣자니 백양나무는 기둥이 될 만하게 자랐는데	見說白楊堪作柱
어찌 연지와 분은 재가 되지 못하게 했던가	爭教紅粉不成灰

백거이 〈연자루 3수 및 병서幷序〉,《백씨장경집》

당나라 백거이의 〈연자루〉와 그 서문입니다. 이 서문에 따르면, 서주 절도사 장건봉張建封의 애첩 관반반關盼盼은 춤과 노래인 가무에 능하고, 시를 잘 짓고 재능이 많았는데 장건봉이 죽은 후 낙양으로 돌아가자, 홀로 서주에 남아서 장건봉의 옛 집 안에 있는 연자루에서 10여 년을 살았다고 합니다. 팽성彭城은 서주의 옛 이름입니다.

백거이는 젊은 시절 장건봉을 찾아갔다가 관반반을 연회에서 만난 적이 있었습니다. 그리고 10여 년 후에 친구 장중소를 통해 다시 관반반의 소식을 듣게 되었습니다. 이에 감회에 젖어 〈연자루〉를 지은 것이지요.

관반반의《연자루시집燕子樓詩集》에 2백여 수의 시가 있습니다. 그중에 널리 알려진 것은 다음의 시들입니다.

누대 위 희미한 등불은 새벽 서리를 동반하고	樓上殘燈伴曉霜
홀로 자던 사람은 합환 침상에서 일어나네	獨眠人起合歡牀
그리움으로 지새는 밤 정이 많아서인가	相思一夜情多少
땅끝과 하늘 끝이 긴 것이 아니네	地角天涯未是長

기러기가 악양에서 돌아감을 멀리서 보고	適看鴻雁岳陽迴
또 제비가 사일社日에 돌아옴을 보았네	又覩玄禽逼社來
요슬과 옥소는 연주할 뜻이 없어	瑤瑟玉簫無意緒
거미줄이 끼고 먼지 끼게 버려 두었네	任從蛛網任從灰

북망산 소나무와 측백나무는	北邙松栢鎖愁烟
수심의 안개 속에 잠겼고	
연자루 안의 그리움은 서글프네	燕子樓中思悄然
검과 신발을 스스로 묻고 노래는 먼지로 흩어지고	自埋劍履歌塵散
붉은 소매 향기 사라진 지 이미 십 년이네	紅袖香消已十年

관반반785-820　〈연자루시〉

《전당시全唐詩》를 비롯해 여러 시선집에 실려 있는 관반반의 시입니다. 연자루 안에서 십여 년 동안 홀로 세월을 보낸 외로움이 시에서 넘칩니다.

그런데 그녀의 죽음은 다음의 시 때문이라고 전합니다.

황금도 아끼지 않고 미인을 샀는데	黃金不惜買蛾眉
가려 얻은 것이 꽃과 같은 서너 가지였네	揀得如花三四枝
가무를 가르쳐 이루려고 정성을 다했지만	歌舞教成心力盡
하루아침에 세상을 떠나니 따르지 않았네	一朝身去不相隨

《당시기사唐詩記事》에 "나중에 장중소가 나의 시를 반반에게 보여 주었는데 곧 반복해 읽고 울면서 말하기를 '우리 공께서 세상을 떠나신 후 첩이 죽을 수 없었던 것이 아닙니다. 백 년 후의 사람들이 우리 공께서 여색을 좋아했기 때문에 따라 죽는 첩이 있었다고 여길까 두려웠기 때문입니다. 이는 우리 공의 맑은 규범을 더럽히는 것입니다. 목숨을 구차하게 구하려는 것이 아닙니다.'라고 했다.

이에 백공白公의 시에 다음과 같이 화답했다.

스스로 빈 누대 지키며 한스러운 눈썹 여미고	自守空樓斂恨眉
모습은 봄이 지난 모란 가지 같네	形同春後牡丹枝
집안사람들은 남의 깊은 뜻을 모르고	舍人不會人深意
황천으로 따라가지 않는다고 의아해 말하네	訝道泉臺不去隨

반반은 시를 본 후 종종 열흘씩 식사를 하지 않다가 마침내 죽었다. 죽을 때 다만 읊기를,

어린아이가 충천물을 알지 못하고	兒童不識冲天物
함부로 푸른 진흙으로 흰 깃털을 더럽히네	謾把青泥汚雪毫

라고 했다."라고 합니다.

충천물沖天物은 하얀 학鶴을 말합니다. 어린아이는 백거이를 말한 것이었을까요? 참으로 백거이의 시는 반반을 절망에 빠뜨렸던 것 같습니다.

대시인이 장난삼은 한 편의 시가 절개 높은 여인의 자존심을 해쳐서 여인을 끝내 죽음으로 몰아갔습니다. 그러나 그녀는 시문 속에서 부활했습니다. 후대의 유명한 문인들이 그녀를 조문하고, 찬양하는 시문을 끊임없이 써서 지금은 민중의 우상이 되었지요.

호호와 반반은 시대와 국적은 다르지만 모두 아득하게 오래된 연자루의 주인으로서 지금도 연자루를 찾는 사람들을 잠시 사색에 잠기게 합니다.

팽나무 대문의
죽림정

전라남도
영암군
구림마을
죽림정

월출산 서쪽 영암군 군서면 구림마을은 백제 왕인박사와 신라 도선국
사가 태어난 유서 깊은 곳입니다. 많은 전통 한옥들이 잘 보존되어 있
어서 돌담길을 산책하면서 옛 마을의 정취에 젖어 볼 수 있습니다.

마을을 가로지르는 냇물가를 걷다 보면 한 골목 어귀에 아름드리
고목 두 그루가 나란히 서 있는데 수령이 3백 년이나 되는 팽나무입니
다. 두 사람이 팔을 벌려 감싸도 넉넉한 둘레의 나무는 절간 앞의 사천
왕처럼 마치 골목으로 들어가는 대문의 수문장 같습니다.

골목 끝에 죽림정竹林亭이라는 오래된 정자가 있습니다. 그 안쪽에
죽림유거竹林幽居라는 편액이 또 하나 있지요. 정면은 기둥이 네 개인
세 칸이고, 측면은 기둥이 셋인 두 칸의 팔작지붕 건물입니다. 한쪽은
방이고, 나머지는 툇마루처럼 삼면이 활짝 열려 있습니다. 그 안쪽 사

방 벽에는 시문을 새긴 크고 작은 현판들이 빽빽하게 걸려 있지요.

● 죽림정에서 긴 밤을 머무니
  월출산 푸르러
  꿈인 듯하네

죽림정을 지나 길 안쪽으로 가면 붉은 벽돌로 지은 양옥이 있는데 어디서나 볼 수 있는 평범한 농가 주택입니다. 그런데 그 현관문 위에 삼벽당三碧堂이라는 편액이 걸려 있는데 그 옆에 작은 글씨로 '숭정 기사 이월서 우암崇禎己巳二月書 尤庵'이라는 관지가 있습니다. 숭정 기사년은 1689년 숙종 15년이고, 우암은 바로 송시열의 호입니다.

남쪽 고을이 참으로 전생의 인연이 있음을 깨닫는데	南鄕眞覺有前緣
유배객으로 다시 온 것이 십오 년 만인데	受玦重來十五年
봄비 속 죽림정에서 긴 밤을 머무니	春雨竹亭留永夕
월출산 푸르러 꿈인 듯하네	月山蒼翠夢依然

이 시는 문곡文谷 김수항이 죽림정 안에서 지은 것입니다. 특별한 제

목은 없고 다음의 서문이 제목처럼 붙어 있습니다.

기사년 2월 25일에 구림鳩林의 현씨玄氏 집에 이르러 점심을 먹었는데, 비 때문에 길이 막혀 그대로 머무르게 되었다. 현씨 집 바깥채는 죽림정이 라고 부르는데 내가 지난날 기문을 지었다. 월출산의 면목을 마주하니 다름없었다. 당 안에 영산홍 한 분과 동백 한 분이 바야흐로 활짝 꽃을 피웠다. 영산홍은 아직 꽃필 시기가 아닌데, 따뜻한 곳에 놓고 길러서 꽃 이 아름답고 밝게 비추어서 사랑할 만했다. 우연히 나의 행차에 마치 기 약이 있어서 그러한 듯해서 또한 기이하게 여길 만했다. 주인이 술과 음 식을 차려서 위로해 주었는데, 조일준曹一遵과 박태초朴泰初 및 마을의 여 러 사람들이 찾아와서 다정한 모임을 이루었다. 십 년이 지난 뒤에 다시 이곳에 와서 옛날의 벗들과 술잔을 잡고 이야기를 나누니, 참으로 서로 마주 대함이 꿈같다고 말할 수 있겠다. 사람 일은 헤아릴 수 없는 것이 이 와 같다. 내가 입으로 절구 한 편을 읊어 여러 사람들에게 보였다. 기사년 1689, 숙종 15

김수항은 좌의정으로 있던 갑인년 1674년에 예송禮訟, 효종과 효종비에 대한 조대비趙大妃(인조의 계비)의 상복을 입는 기간을 둘러싸고 일어난 서인과 남인 간의 두 차례 에 걸친 논쟁 사건으로 영암에 유배를 왔습니다. 1678년 철원으로 옮겨질 때까지 영암의 몇몇 곳에서 지냈는데 이곳 죽림정에서 오랜 기간 머물 렀지요.

구림마을 돌담길 골목 끝에 죽림정이라는
편액이 걸린 오래된 정자가 있습니다.
정면은 기둥이 네 개인 세 칸이고 측면은
기둥이 셋인 두 칸의 팔작지붕 건물입니다.

김수항은 1680년 경신대출척庚申大黜陟으로 반대파인 남인들이 물러나자 조정으로 들어가 영의정으로 8년을 보내고 1687년에는 영돈녕부사가 되었습니다. 그런데 1689년에 기사환국己巳換局이 일어나 남인들이 다시 집권하게 되자 진도로 유배를 가게 되었지요. 그 길에 잠시 영암의 죽림정에 들렀던 것입니다. 그런데 진도로 가는 길이 그의 이승 마지막 길이 될 줄은 그 자신도 몰랐습니다.

죽림정이라는 정자 이름은 김수항이 처음 영암으로 유배 왔을 때 지어 준 것입니다. 죽림정 주인은 현징玄徵, 1629-1702입니다. 죽림정은 본래 현징의 숙부가 세운 취음정就陰亭이었는데 집안이 몰락해 남에게 목재로 팔린 것을 현징이 다시 구입해 이곳에 옮겨 세웠습니다. 김수항은 정자의 이름을 지어 달라는 현징의 부탁을 받고 죽림칠현竹林七賢 중 완적阮籍과 완함阮咸이 숙부와 조카 관계로 친했던 고사를 빌어서 죽림정이라고 이름 짓고 〈죽림정기竹林亭記〉도 써 주었습니다.

창 열고 월출산을 대하는데   開窓面月出

동쪽 고개가 가장 정면이네   東嶺最相當

앉아서 흰 달이 뜨는 것을 깨닫는데   坐覺氷輪上

맑은 빛이 이미 평상을 비추네   清輝已映床

〈위는 동령의 맑은 달이다右東嶺霽月〉

울창한 규룡 같은 줄기인데   鬱鬱虬龍幹

긴 바람 불어 물결 소리 일으키네　　　長風吹作濤

문득 맑은 소리가 가득하니　　　　　脩然滿清聽

모산의 도홍경을 부러워하지 않네　　不羨茅山陶

〈위는 북정의 장송이다〔右北亭長松〕〉

봄이면 흰 물이 찬 논을 갈고　　　　春來耕白水

가을이면 누런 구름 같은 벼를 베네　秋至割黃雲

힘들고 즐거운 농가의 일인데　　　　苦樂田家事

농사 노래가 언덕 너머로 들려오네　農謳隔岸聞

〈위는 남쪽 밭의 농요이다〔右南畝農謳〕〉

마을이 호숫가에 있어　　　　　　　村居湖水上

마을 반은 어부 집이네　　　　　　　一半是漁家

밤배가 돌아오는 것을 알겠으니　　　知有夜船返

때때로 바람결에 노랫소리 들려오네　時聞風外歌

〈위는 서호의 어가이다〔右西湖漁歌〕〉

김수항 〈상사 현징의 죽림정 십영〔玄上舍徵竹林亭十詠〕〉,《문곡집》

김수항이 읊은 죽림정 시 10수 가운데 4수입니다. 죽림정 주변의
풍경 열 곳을 읊은 것이지요. 상사上舍는 진사 합격자를 말합니다.

맑은 석양이 먼 장막에 누웠고 夕霽臥遠帷

동쪽 봉우리엔 푸른 연기 사라졌네 東峰綠煙歇

발 걷으니 땅에 가득 서리가 내렸고 開簾滿地霜

대숲 위엔 이미 밝은 달이 떴네 竹上已明月

〈위는 동령의 맑은 달이다[右東嶺霽月]〉

높은 소나무는 오랜 세월 머금고 喬松含萬古

울창하게 푸른 하늘에 이르렀네 鬱鬱到蒼昊

편안히 누운 정자 안의 사람은 偃蹇亭裏人

서로 보며 둘 다 늙지 않네 相看兩不老

〈위는 북정의 장송이다[右北亭長松]〉

밤비에 물이 논에 가득하고 夜雨水平田

어지러운 모들이 푸르네 漫漫稻秧綠

도롱이 삿갓 걸치고 석양이 더딘데 簑笠夕陽遲

노동요가 스스로 곡을 이루네 勞歌自成曲

〈위는 남쪽 밭의 농요이다[右南畝農謳]〉

호수 넘쳐서 안개 낀 수면이 넓으니 湖平煙水闊

어부는 머물 장소를 헤매네 漁子迷處所

달 뜨니 점차 노랫소리 들리고 月出稍聞歌

배를 묶어 대섬에 정박하네   維舟定竹嶼

〈위는 서호의 어가이다(右西湖漁歌)〉

김창협金昌協, 1651-1708   〈죽림정 십영竹林亭十詠〉,《농암집農巖集》

김수항의 아들 김창협이 부친의 시에 차운한 것인데 20년 뒤의 일
입니다.

김수항이 죽림정에 머무는 동안 김수항의 아들인 김창집金昌集, 김
창협, 김창흡金昌翕, 김창업金昌業이 죽림정을 찾아와 아버지를 위로했습
니다. 그러면서 자연스럽게 현씨 일가와 어울리게 되었는데 특히 현징
의 아들 현약호玄若昊, 1665-1709는 자주 서울로 올라가서 김창협의 문하
에서 공부하며 김씨 가문과 교유를 이어 갔습니다.

● 겨울에도 변치 않는
  소나무, 잣나무, 대나무의
  세 가지 푸름

현약호는 호가 삼벽당三碧堂인데 송시열이 그에게 영암군 군서면에 있
던 정자, 삼벽당의 현판 글씨를 써 주었습니다. 송시열은 김수항과 함

께 유배를 당해 제주도로 가던 길에 강진 백련사에 잠시 머물렀습니다. 그때 현약호가 찾아가서 현판 글씨를 받았던 것입니다. 제주도로 떠나기 하루 전날이었습니다. 송시열은 제주도로 갔다가 다시 신문을 받기 위해 소환당했는데 그 도중에 정읍에서 사약을 받았습니다.

현약호는 서울로 김창흡을 방문해 〈삼벽당기三碧堂記〉와 시 두 편을 받기도 했습니다.

흠보欽甫(현약호)가 그 당의 삼벽기三碧記를 부탁했다. 나는 이미 붓과 벼루를 태워 버렸다고 사양했다. 흠보가 말하기를 "나는 그대의 마음가짐을 압니다. 만약 다른 글이었다면 감히 그대를 번거롭게 하겠습니까? 그대의 선군자께서 일찍이 우리 부친을 위해 〈죽림정기〉를 지었는데 그 글이 여전히 벽 위에 남아 있습니다. 그대가 어찌 잊을 수 있겠습니까? 내 당堂은 이 정자와 곧 같은 건물 내에 있는데 이에 소나무 한 그루와 잣나무 한 그루가 있어서 그 단란檀欒(대나무)을 받들어 울창하게 마당의 푸름이 합쳐졌습니다. 이와 같아서 이름 짓기를 삼벽三碧이라 했는데 일찍이 우옹尤翁(송시열)에게 청해 큰 글씨 세 자를 얻었습니다."라고 했다. 내가 묻기를 "우옹의 글씨는 여전히 있습니까?"라고 하니, "있습니다."라고 했다. "어떻게 얻었습니까?" 흠보는 한숨을 쉬며 잠시 있다가 말하기를 "이는 거의 우옹의 마지막 글씨입니다. 탐라耽羅로 가는 배가 내일 출발하는데 오늘 이 글씨를 쓴 것입니다. 곧 만덕산萬德山 백련사에 있을 때 큰 파도가 해안에 들이쳐서 죽음과 삶이 앞에 있었습니다. 객들이 해안가에서 전송했는

데 바야흐로 또한 글씨를 청하는 것이 구름처럼 많았습니다. 감히 사달

舍達(모든 것을 버리고 통달함)의 설로써 우옹께 말할 수 있겠습니까? 우옹께

서 이 요청에 대해 그 이름의 뜻을 매우 사랑하는 듯했습니다. 그래서 내

분수 밖으로 빼어난 필적을 받아 지금 걸어 놓았습니다. 늠름한 그 서리

와 눈과 같은 줄기와 가지가 마당의 푸름과 더불어 오르내리니 굽어보

고 우러르며 바라보고 읍하는 정성을 부쳤습니다. 한결같이 죽당(죽림정)

의 글을 보는 것과 차이가 없습니다. 내 당은 비록 작지만 소중한 것이 이

것에 있습니다."라고 했다.

김창흡 〈삼벽당기〉,《삼연집 三淵集》

삼벽三碧이라는 뜻은 추운 겨울철에도 변치 않는 소나무, 잣나무, 대
나무의 세 가지 푸름을 말한 것입니다.

대숲에서 서로 팔을 붙잡고	幽篁看把臂
넘치는 즐거움을 공손히 서로 지녔네	茂悅儼相持
너를 아끼는 것이 오랜 세월 적지만	愛爾千秋少
그대가 아니면 사벽이 누구겠는가	非君四碧誰
눈과 서리를 바야흐로 이겨 내는 품성인데	雪霜方忍性
복사꽃 오얏꽃과는 오래 다른 자질이네	桃李久殊姿
널리 심어도 끝내 얻기 어려우니	廣植終難得
지금 이 뜻이 쇠퇴했네	而今此意衰

김창흡 〈삼벽당에 부치는 제시[三碧堂寄題]〉,《삼연집》

시에서 사벽四碧이라고 한 것은 소나무, 잣나무, 대나무와 더불어 송시열의 '삼벽당'이라는 글씨를 말한 것입니다.

고인이 남긴 자취가 있으니	高人遺躅在
삼벽을 영원히 서로 지녔네	三碧永相持
우리 조상의 필적이 오직 예스럽고	吾祖筆惟古
연옹(김창흡)의 시의 적수는 누구인가	淵翁詩敵誰
오로지 전해 지키는 가업을 알겠으니	聊知傳守業
바야흐로 가장 나중에 시드는 자질을 보네	方看後凋姿
산비가 더딘 해를 전송하고	山雨送遲日
여유로운 흥취가 쇠하지 않았네	悠然興不衰

송병선宋秉璿, 1836-1905 〈삼벽당. 삼가 삼연의 시에 차운하다[三碧堂 謹次三淵韻]〉
《연재집淵齋集》

송병선이 죽림정을 방문해 삼벽당에 걸려 있는 송시열의 글씨를 보고, 삼연三淵 김창흡의 시에 차운한 것입니다. 송병선은 송시열의 9세손인데 유학자로서 명성이 있었고, 을사조약 때 자결한 우국지사입니다.

죽림정은 강가나 산기슭에 자리한 정자처럼 전망 좋은 풍경을 품고 있지도 않고, 주변을 연못과 멋진 수석으로 꾸미지도 않았습니다. 다만 평범한 농가의 사랑채 같은 정자일 뿐입니다. 그러나 당시 정치와 학계와 문학을 대표하는 거목들과 인연을 맺었으니 참으로 기이한 정자라고 하겠습니다. 지금도 현씨의 후손이 죽림정을 잘 보존하고 있습니다.

세상 험난한 것은
물속 같은 것이
없으리라

탐라의
잠녀

탐라^{耽羅}는 제주도의 옛 이름입니다. 제주도는 돌이 많고 바람이 많고 여자가 많다고 해 삼다도^{三多島}라고 합니다. 인구에 비해 농사짓는 땅이 절대적으로 부족했던 제주도에서는 모든 생계를 거의 바다에 의존해야 했습니다. 바다는 위험한 곳이라서 물고기를 잡으러 갔다가 죽는 남자들이 많아서 남편이 죽어 혼자 사는 여자들이 여럿 생길 수밖에 없었지요. 그래서 여자가 많다고 한 것일까요? 이보다는 여자들이 남자들과 동등하게 노동을 했기 때문에 그렇게 보인 게 아닐까 싶습니다.

조선시대 여자들에게는 본래 관청에 지는 부역 의무가 없었는데 오직 제주도의 여자에게만 남자와 마찬가지로 부역의 의무가 있었습니다. 바다에서 일하는 여자들은 관청에서 정한 여러 품목의 수산물을 의무적으로 바쳐야 했지요.

조선의 지식인들에게 제주도는 결코 가고 싶지 않은 곳이었습니다.
제주도는 가장 혹독한 유배지였기 때문입니다.

대낮에 알몸 차림으로
물질을 하는 잠녀들

해산물에는 단지 생복生鰒(전복), 오적어烏賊魚(오징어), 분곽粉藿(미역), 옥두
어玉頭魚(옥돔) 등 몇 종류가 있는데, 또 이름은 있지만 몇 종류인지 알 수
없는 물고기 이외에는 다른 물고기가 없다. 그중에 평소에 천한 것은 미
역이다. 미역을 채취하는 여자를 잠녀潛女라고 한다. 2월 이후부터 5월 이
전까지 바다에 들어가서 미역을 채취한다. 그 미역을 채취할 때 이른바
잠녀들은 신체를 노출하여 벌거벗은 몸으로 두루 바닷가에 가득하다.
낫을 가지고 바다에 떠 있다가 바다 속으로 거꾸로 들어가서 미역을 채
취해 끌고 나오는데 남녀가 서로 섞여도 수치로 여기지 않으니 보는 사람
이 놀랄 만하다.

생복을 잡는 것도 또한 이와 같이 한다. 관가에서 징수하는 역役에 응하
고, 그 남은 것으로써 내다 팔아 의식衣食을 마련한다. 그 생계를 꾸리는
고생은 말로 할 수 없다. 만약 청렴하지 못한 관리가 있다면 멋대로 탐욕

스럽고 추잡한 마음을 내어서 교묘하게 명목을 만들어 징수해 구하는 것이 헤아릴 수 없어서 일 년의 생업이 그 역에 응하기에 부족하다. 그 관문官門에 실어다 바치는 고통은 이서吏胥(아전)들이 간사함을 부리는 폐단으로 끝이 없다. 하물며 그 의식을 꾸릴 자본을 바랄 수 있겠는가? 이런 이유 때문에 만약 탐관을 만난다면 이른바 잠녀의 무리는 구걸하지 않을 사람이 없을 것이니, 보는 사람이 불쌍하게 여길 만하다.

이건李健, 1614-1662 〈제주풍토기濟州風土記〉,《규창유고葵窓遺稿》

제주도에 나랏일로 온 사람이나 유배를 온 사람이나 간에 제주도는 자연환경과 문화와 풍속이 육지와 너무 달라서 마치 다른 나라와 같은 곳이었습니다. 그중에 잠녀의 물질은 참으로 문화적 충격이었지요. 남녀칠세부동석男女七歲不同席이고, 남녀유별男女有別인 유교 국가 조선사회에서 벌건 대낮에 잠녀가 거의 알몸 차림으로 물질을 하는 광경은 놀랄 만한 일이었습니다. 관에서 지나치게 노동을 착취당하는 그녀들의 삶은 비참하기 그지없었고요.

이건은 선조의 일곱째 아들 인성군仁城君 이공李珙의 아들입니다. 인성군이 역모죄로 모함을 받아서 그 가족들은 제주도로 유배되었습니다. 이건은 15살 때 형 이길李佶, 이억李億 등과 더불어 제주도 정의현에서 유배생활을 했습니다. 1628년부터 1635년까지 8년간 제주도에서 본 여러 가지 일을 글로 남겼는데 이 기록은 그중의 일부입니다.

잠녀는 오늘날 해녀를 말합니다. 해녀라는 용어는 조선시대 기록에

제주도는 자연환경과 문화와 풍속이 육지와 너무 달라서
마치 다른 나라와 같은 곳이었습니다. 벌건 대낮에
잠녀가 거의 알몸 차림으로 물질을 하는 광경은 참으로
놀랄 만한 일이었지요.

서는 거의 볼 수 없는 근래에 만들어진 말이라고 할 수 있습니다.

이른바 잠녀는 잠수를 생업으로 삼아서 미역을 채취하거나 전복을 딴다. 그러나 전복을 따는 것은 미역을 채취하는 것에 비교한다면 매우 어렵고 고생이 더 심하다. 그 얼굴은 검고 초췌하고, 근심과 괴로움을 지니고 죽음을 벗어나려는 모양을 띠고 있다. 내가 그것을 위로하며 그 일의 상세함을 물었다.

대답하기를 "저는 물가로 가서 땔나무를 쌓아 놓고 불을 피우고, 벌거벗은 채 테왁[匏: 둥근 박]을 가슴에 안고 망사리[繩囊: 줄로 엮은 망]를 테왁에 묶습니다. 예전에 채취했던 본조갱이[甲: 전복 껍데기]를 망사리에 넣고 손에 빗창[鐵尖: 쇠꼬챙이]을 쥐고 헤엄을 치다가 마침내 잠수를 합니다. 물 바닥에 이르면 한 손으로 비탈진 바위를 더듬어서 전복이 있는 것을 알아냅니다. 그러나 전복이 바위에 붙어 있는 것은 단단하고 껍데기 속에 잠복해 있습니다. 단단하기 때문에 즉시 채취할 수 없고, 잠복해 있기 때문에 그 색이 검어서 바위와 헷갈립니다.

이에 본조갱이를 뒤집어 놓아 두면 그 숨은 장소를 알 수 있습니다. 그 안쪽 면이 밝아서 빛나기 때문에 물속에서 살펴볼 수 있습니다. 이에 호흡이 몹시 급해져서 즉시 나와서 테왁을 껴안고 숨을 쉽니다. 그 숨비소리가 획연히 오래 울리는데 몇 번인지 모릅니다. 그런 후에 기운을 차리고 마침내 다시 잠수합니다. 좀 전에 표시해 두었던 장소로 가서 쇠꼬챙이로 전복을 채취해 망사리에 넣고 나옵니다. 물가에 이르면 차갑게 얼어서 몸이 떨림을 참을 수 없습니다. 6월일지라도 또한 그러하니, 마침내 땔나무 불로 몸을 덥히고서 살아납니다.

한 번 잠수해 전복을 발견하지 못하고 다시 잠수해도 결국 채취하지 못한 적도 있습니다. 전복 하나를 채취하다가 거의 죽을 뻔한 적이 많습니다. 게다가 물 밑의 바위는 간혹 날카로워서 부딪히면 죽게 됩니다. 그 속의 벌레와 뱀 같은 악독한 생물에게 물리게 되면 죽습니다. 그래서 저와 동업하는 자들 중에 급사하거나, 추위로 죽거나, 바위와 벌레 때문에 죽은 자가 줄을 이었는데 저는 비록 다행히 살고 있지만 병으로 고통스럽습니다. 제 얼굴색을 살펴보시면 제가 민망할 것입니다. 또한 전에 말씀드렸듯이, 공公께서는 전복을 따는 어려움은 알지만 제가 전복을 사는 것이 더욱 어렵다는 것은 모릅니다."라고 했다.

내가 말하기를 "너는 지금 전복을 따는 사람이다. 장차 네게서 전복을 사야 하거늘 어찌해 네가 스스로 산단 말이냐?"라고 하니, 대답하기를 "저는 소민小民(평민)이고 전복은 맛 좋은 음식물입니다. 소민은 맛 좋은 음식물을 가져다가 상공上供(진상)에 충당하고, 관인官人의 음식을 준비합니다. 또 관인이 다른 사람에게 선물로 보내는 것을 공급합니다. 이것이 제 직분입니다. 제가 비록 저의 의식을 마련할 자본이 없더라도 항상 관인과 그가 선물을 보내는 사람을 생각합니다. 비록 그것이 최하일지라도 당연히 저에게 부가되지만 제가 감히 직분을 다하지 않겠습니까? 비록 병이 들어도 감히 원망하겠습니까? 오직 관인이 매우 좋아하는 것만 생각하고, 오직 그 말을 따르지 못할까 두려워합니다. 그 욕심을 만족시킬 수 없는 것은 천하고 비루하지만 저와 다를 바가 없습니다. 다만 붉은 분을 칠하고 비단옷을 입은 것만 다릅니다. 좋아하는 것이기에, 나는 전복을 항상 그 때문에 채취합니다. 말을 따르고자 하기 때문에 더욱 징수의 독촉이 그치지 않고 반드시 많이 채취해야 만족합니다. 많이 채취하고자 하는 것은 흩어서 내다 팔아 그 부유함을 더 보태려는 것입니다. 제가 만약 병이 들어 채취할 수 없거나, 또는 채취해도 소득이 없다면 징수를 독촉하는 다그침을 당하게 됩니다. 그래서 때때로 채취하는 곳으로 가서 전복을 사다가 다시 관청에 바칩니다. 저 파는 것과 사는 것은 각기 하고자 하는 것입니다. 지금 제 형세가 사지 않을 수 없음을 알기 때문에 그 가격을 최고로 높여서 팝니다. 저는 이에 파산하게 되었습니다. 전복 하나는 그 채취해야 하는 근심이 저 자신에게만 있지만, 그 사야 하는 재앙은 가족 모두를 보존할 수 없게 만드니, 제가 어찌 몹시 곤궁하고 매우 어려운 처지가 아니겠습니까?"라고 했다.

내가 말하기를 "태산泰山의 호랑이와 영주永州의 독사가 있는 곳에는 다행히 가혹한 정치와 잔혹한 세금이 없었는데 지금 너는 전복 채취와 전복을 사야 하는 고통을 겸했으니, 참으로 불쌍할 뿐이구나!"라고 했다.

김춘택 金春澤, 1670-1717 　〈잠녀설潛女說〉,《북헌집北軒集》

김춘택은 1701년 소론의 탄핵을 받아 부안扶安에 유배되었는데, 다시 음모를 꾸며 희빈禧嬪 장씨張氏의 소생인 세자에게 해를 끼쳤다는 이유로 서울로 잡혀가 신문을 받고, 1706년 제주도로 옮겨졌습니다. 그는 글과 글씨에 뛰어나서 김만중金萬重의 한글소설 《구운몽九雲夢》과 《사씨남정기謝氏南征記》를 한문으로 번역하기도 했습니다. 이 글 또한 잠녀와 나눈 대화 형식을 통해 잠녀의 참혹한 생활을 잘 전하고 있습니다.

잠녀에게는 관에 바쳐야 하는 전복의 양이 정해져 있는데 이를 스스로 잡지 못하면 남에게서 비싼 값에 사서 바쳐야 합니다. 그래서 집안의 재산을 다 헐어 내고 파산에 이르렀다는 것입니다.

태산泰山의 호랑이는 공자孔子가 말한 "가정맹어호苛政猛於虎"의 고사를 말합니다. 가혹한 정치는 호랑이보다 더 무섭다는 것입니다. 영주永州의 독사는 당나라 유종원柳宗元의 〈포사자설捕蛇者說〉을 말합니다. 영주에서 독사를 잡아 바치며 세금을 면제받는 땅꾼의 이야기입니다. 김춘택은 세금을 피해 태산에서 살며 호랑이에게 잡아먹힌 일가족과 영주 땅꾼의 삶보다 잠녀의 생애가 더욱 비참하다고 한탄하고 있습니다.

뒤웅박만

　　두둥실

　　물 위에 떠 있네

탐라의 여아는 수영을 잘하니	耽羅女兒能善泅
열 살에 이미 앞개울에서 수영을 배운다네	十歲已學前溪游
지방 풍속이 혼인에서 잠녀를 중시하니	土俗婚姻重潛女
부모는 의식 걱정이 없다고 자랑하네	父母誇無衣食憂
나는 북쪽 사람이라 듣고도 믿지 못했는데	我是北人聞不信
사명 받들고 지금 와서 남해를 돌아다녔네	奉使今來南海遊
제주성 동쪽에 날씨 화창한데	城東二月風日暄
집집의 아녀들이 물가로 나왔네	家家兒女出水頭
호미 하나 다래끼 하나 뒤웅박 한 개 들고	一鍬一笒一匏子
맨몸에 짧은 바지가 어찌 부끄러우리	赤身小袴何曾羞
곧장 뛰어들며 깊고 푸른 물을 겁내지 않고	直下不疑深靑水
분분히 낙엽처럼 허공에서 몸을 던지네	紛紛風葉空中投
북쪽 사람은 놀라지만 남쪽 사람은 웃고	北人駭然南人笑
물장구치며 서로 장난하며 물결에 몸을 싣네	擊水相戲橫乘流
갑자기 오리 새끼처럼 잠수해 사라진 곳엔	忽學鳧雛沒無處
다만 뒤웅박만 두둥실 물 위에 떠 있네	但見匏子輕輕水上浮

순식간에 푸른 파도 속에서 솟구쳐서	斯須湧出碧波中
급히 줄을 당겨 뒤웅박에 올라타고 머물며	急引匏繩以腹留
일시에 길게 휘파람 불며 숨을 토해 내니	一時長嘯吐氣息
그 소리가 깊은 수궁까지 슬프게 진동하네	其聲悲動水宮幽
인생의 생업이 어찌 반드시 이것뿐이겠는가	人生爲業何須此
너희들은 이익을 탐해 죽음까지 가볍게 여기는가	爾獨貪利絕輕死
어찌 듣지 못했던가 육지에선 농사짓고 양잠하고 나물 캘 수 있는데	豈不聞陸可農蠶山可採
세상의 험난한 것은 물속 같은 것이 없으리라	世間極險無如水
능한 자는 백 자 깊이까지 들어가고	能者深入近百尺
종종 굶주린 상어의 먹이가 된다네	往往又遭飢蛟食
균역법 시행한 이후로 날마다 바치는 것 없어지고	自從均役罷日供
관리들이 돈을 주고 산다고 하지만	官吏雖云與錢覔
팔도의 진상품이 서울로 올라가니	八道進奉走京師
하루에 몇 바리의 생전복과 말린 전복이던가	一日幾馱生乾鰒
금관자 옥관자 고관의 주방과	金玉達官庖
비단옷 입은 공자의 식탁에 오르지만	綺羅公子席
어찌 그 고통의 유래를 알겠는가	豈知辛苦所從來
겨우 한 입 먹고는 상을 물린다네	纔經一嚼案已推

잠녀여 잠녀여 너희들 즐거워 보이나   潛女潛女爾雖樂吾自哀
나는 슬프니

어찌 남의 생명을 가볍게 여겨 내 배를 채우랴   奈何戲人性命累吾口腹

아 나는 서생으로 해주 청어도 먹기 어려워서   嗟吾書生海州靑魚亦難喫

아침저녁으로 염교 나물 하나로도 만족한다네   但得朝夕一薤足

신광수申光洙, 1712-1775   〈잠녀가潛女歌〉, 〈탐라록〉, 《석북집石北集》

신광수는 1763년 사옹봉사를 지내고, 이듬해에 금부도사로 제주에
가서 45일간 머물면서 제주민의 어려움과 풍물을 노래한 〈탐라록〉을
지었습니다. 위 시는 〈탐라록〉에 있는 한 편입니다.

그는 잠녀가 잠수하는 모습을 사실적으로 상세히 묘사하고 그 생애
를 슬퍼했습니다. "너희들은 이익을 탐해 죽음까지 가볍게 여기는가."
라고 했지만, 잠녀가 어찌 이익을 탐해 목숨을 건 것이겠습니까? 농사
지을 땅이 없으니 마지못해 목숨 걸고 물질할 수밖에 없을 뿐입니다.
그런데 잠녀의 고단한 삶은 제주도에만 있는 것은 아니었습니다.

전라도와 경상도의
전복 따는 잠녀들

아가는 몸에 실오라기 하나 걸치지 않고	兒哥身不着一絲兒
짠 바다를 맑은 연못을 드나드는 듯하네	出沒醎海如淸池
꽁무니 들고 머리 숙여 재빨리 물에 들어가	尻高首下驀入水
오리처럼 의연하게 물결을 희롱하네	鴨依然戲漣漪
물결 무늬가 서서히 합쳐지면 사람은 보이질 않고	洄文徐合人不見
바가지 하나만 둥둥 물 위에 떠가네	一壺汎汎行水面
갑자기 머리 들고 나오니 물쥐와 같고	忽擧頭出如水鼠
휘익 휘파람 한 번 불며 몸이 따라 도네	劃然一嘯身隨轉
소라와 아홉 구멍 전복이 주먹만큼 큰데	矸螺九孔大如掌
귀인의 주방에서 안주로 만든다네	貴人廚下充殽膳
때때로 방휼처럼 바위틈에 끼이면	有時蚌鷸黏石齒
능한 자도 여기에서 죽음에 이른다네	能者於斯亦抵死
아 아가의 죽음을 어찌 말로 할 수 있으랴	嗚呼兒哥之死何足言
벼슬길의 아부하는 자들도 모두 헤엄친다오	名途熱客皆泅水

정약용 〈아가 노래[兒哥詞]〉,《여유당전서》

정약용이 전남 강진에서 귀양살이를 하며 지은 시입니다. 정약용은 시에 덧붙인 설명에 "지역민들은 그 며느리를 아가라고 한다."라고 했습니다. 지금도 전라도에서는 며느리를 아가라고 부릅니다.

방휼蚌鷸은 조개와 도요새입니다. 도요새가 해변에서 입을 벌리고 있는 조개의 살을 쪼았는데 그 순간 조개가 도요새의 부리를 물었습니다. 서로 물고 놓지 않은 채 버티다가 결국 둘 다 바닷물에 빠져 죽고 말았다지요. 잠녀가 물질을 하다가 물속 바위틈에 끼어서 죽는 사고가 종종 있었던 것입니다.

물쥐[水鼠]라는 것은 무엇인지 잘 모르겠습니다. 정약용의 설명에 "수서水鼠는《운선잡지雲仙雜志》에 보인다."라고 했습니다.《운선잡지》는 후당後唐의 풍지馮贄가 지은《운선잡기雲仙雜記》를 말합니다. 여러 기사를 다룬 책이지요.《운선잡기》에 "수서는 물가 언덕 틈에 굴을 파고 사는데 쥐와 같으면서 더 작다. 마름이나 물고기, 새우 등을 먹는다."라고 했습니다.

물고기 먹을 때 전복은 먹지 마오	食魚莫啖鰒
부인을 얻을 때 반드시 길쌈하는 여인이어야 하네	取婦須績纑
길쌈하면 죽어서 함께 묘지에 묻히지만	績纑死同穴
전복 먹으면 생선 뱃속을 사모하게 된다네	啖鰒慕鮮腴
주살을 당겨 기러기를 쏘고	援繳亦射鴈
미끼 던져 농어를 낚을 수 있는데	投餌亦釣鱸
누가 물속 전복을	誰令水中鰒

맛이 좋다고 소반에 올리게 하는가	珍味充盤需
아 저 전복 따는 아낙은	噫彼採鰒女
삶과 죽음을 순간에 부쳤네	生死寄斯須
처한 곳이 본래 개펄이어서	處地本潟鹵
양잠과 농사는 생각할 수 없네	蠶穀非所圖
이름은 어부의 명부에 오르고	名參漁蠻籍
발은 교인의 거처를 밟는다네	足踏鮫人居
하얀 피부에 붉은 머리털은	霜膚赤髮髮
어찌 요괴나 역귀와 다를 것인가	何異魖與魖
구월과 시월 사이에	九月十月交
큰 물결이 밤낮이 없는데	驚浪無朝晡
모래밭 앞에 술동이 늘어 놓고	沙頭列酒缸
뱃속 덥히느라 먼저 한 병 마시네	煖腹先一壺
집채만 한 은빛 파도가 넘실대니	淘淘白銀屋
땅에 서 있어도 오히려 근심인데	立地猶愁予
사람을 저 물결 속에 들어가라 함은	教人到彼中
어찌 호랑이를 치는 것이 아니겠는가	奚翅撲虎愚
아낙은 곧 돌아보며 미소 짓고	女乃顧之笑
기쁜 듯이 치마 저고리를 벗네	怡朊脫裙襦
칼을 쥐고 팔뚝에 매달고	持刀縮手腕
줄을 끌어 몸에다 묶네	牽繩約身軀

먼저 줄을 끌고 물로 들어가서	先將繩扺水
커다란 둥근 박을 물 위에 띄우고	拍浮三石瓠
마침내 몸이 따라가니	終乃以身隨
별안간 강 위의 오리와 같네	瞥若江中鳧
음침한 유리 빛 물이 푸르고	陰沈碧琉璃
밝고 명랑한 한 소리에 놀라네	晃朗驚一嘘
용궁 속 용당과 자패궐은	龍堂紫貝闕
옛날에 듣고서 모두 거짓임을 알았네	曩聞皆知誣
해초는 바다의 문양인데	苔藻海之文
미끄럽게 예쁜 발등으로 올라오네	滑溚登姸跗
하늘대는 붉은 지느러미 물고기는	依依赤鬣鬕
머리에 부딪치자 놀라서 뛰어 달아나네	頭觸驚騰逋
푸른 아홉 구명 전복은	靑蒼九孔鰒
편편한 비탈 모퉁이에 납작하게 붙어 있네	區貼盤陀隅
잠긴 몸은 가까운 앞을 조심하고	潛身悄近苐
바람 부는 물결은 드넓게 출렁대는데	風水浩自如
칼 빼들고 갑자기 잠수해	挺刀卒眹下
한 번에 깎아 내며 주저함이 없네	一斳無趑趄
조금도 놀라 알아채지 못하게 하고	無令稍驚覺
가루로 부수어 떼어 내지 않고	粉碎不脫除
둥글게 껍데기를 손에 쥐니	團團握中殼

어찌 서역 장사꾼의 아름다운 구슬뿐이겠는가	何但賈胡珠
물 밖으로 나갈 곳을 반드시 알아야 하니	要知出水處
물거품이 순간에 솟아나네	泡沫涌須臾
차츰 머리와 얼굴이 드러나니	稍稍頭容露
창백한 안색이 처참하네	慘慘顔色沮
휘익 한 번 긴 숨을 쉬니	驍肰乃一嗽
물고기 밥을 면했음을 알겠네	而今知免魚
물가에 모닥불을 피우고	▦*中置炭火
이마에 땀이 나니 비로소 다시 살아났네	顙泚方始蘇
조용히 치마끈을 정돈하고	從容整裙帶
차례로 갓난애를 챙기네	次第提乳雛
쓸쓸한 흰 띠집에는	蕭蕭白茅屋
우물가 절구에 석양이 흘러가네	井臼殘陽徂
남편이 쌀을 사서 돌아오니	夫壻糴米回
비로소 아침밥을 염려하네	始念晨饔疎
이웃 사람들 언덕 위에 모였는데	鄰人簇岸上
세금 독촉하러 관청 아전이 오네	督促來府胥
신선하고 기름진 전복을 미역 잎 회로 만든다고	鮮肌藿葉鱠
급히 번갈아 관청 주방으로 보내네	急遞歸官廚
연이어 꿴 말린 전복은 누런 밀랍처럼 빛나는데	聯串黃蠟光
구해다가 서울 관리에게 보낸다네	乞與京官輸

전복 따는 잠녀는 제주도 이외에 전라도와
경상도 바닷가에도 흔히 있었습니다.

* 원문에 빠진 글자

하얀 전복 껍데기를	紛狀石決明
이 아낙은 술잔으로 사용한다네	是女當梧盂
대문 앞의 여인이 사랑스러우니	生憐對門女
수영을 잘해 가마우지 무리 같은데	善泅烏鬼徒
피부 따뜻해 한기를 느끼지 않고	肌溫不瀿痒
정력은 열여섯 살 때 같고	精力破瓜初
잠수는 스무 길까지 들어갈 수 있고	沒水二十丈
숨을 멈추고 한 식경 남짓 참을 수 있네	閉息飯頃餘
어려서 근심 하나 없으니	生小百無憂
결혼을 청하는 이가 문전에 넘친다네	求婚溢門閭

이학규李學逵, 1770-1835　〈전복 따는 여자(採鰒女)〉,《낙하생집洛下生集》

이학규는 1801년 신유사옥辛酉邪獄 때 천주교도라는 의심을 받고 친척인 이승훈李承薰 등과 함께 옥에 갇혔습니다. 그 뒤 전라도 능주綾州 (지금의 화순군에 속함)로 유배되었는데 그해 10월 고종사촌인 황사영黃嗣永의 백서사건으로 다시 신문을 받고 김해로 옮겨져서 24년 동안 귀양살이를 했지요.

위 시는 경남 남해안에서 전복을 채취하는 잠녀를 읊은 것입니다. 전복 따는 잠녀는 제주도 이외에 전라도와 경상도 바닷가에도 흔히 있었습니다.

한 번 잠수해

전복 하나 따니

힘들어도 밥도 못 먹네

망양정 앞 늙은 잠수부	望洋亭前老潛手
헤엄침이 날며 춤추는 듯하네	遊戲波濤若飛舞
허리엔 큰 박통을 묶고 가는 줄은 끌며	腰懸大瓢引細繩
당돌하게 곧장 검은 용의 입을 시험하네	唐突直試驪龍口
순간에 다시 물거품이 솟구쳐 나오고	斯須却滾浪花出
숨기운은 긴 무지개 이루고 굶주린 송골매가 울부짖네	氣作長虹叫餓鶻
날이 추워 바닷물에 피부와 살이 얼어붙어	天寒海水皮肉凍
바위 사이에서 나무 등걸 불태워 등을 쬐이네	炙背岩間燒楖柚
한 번 잠수해 전복 하나 따니	一回沈水一箇鰒
종일 힘들어도 밥도 못 먹네	終日矻矻不入腹
돌아오니 도리어 관리의 닦달을 받고	歸來却被官吏驅
겨우 묵은 창고의 몇 말 곡식을 얻었네	纔得陳倉數斗粟
네 인생이 풍파 속에 있음이 불쌍한데	憐渠一生風波裏
고생해도 처자를 돌봐 줄 수 없구나	契闊不足煦妻子
바다 속 큰 고래가 설산만 한데	海中長鯨如雪山

죽이는 것이 구슬 탐하는 관리에겐   相殘不及貪珠吏

미치지 못하네

그대 보지 않았나 부잣집 권세가의 일을   君不見朱門豪貴事

잔치 자리 춤과 노래가 날마다 이어지며   宴席歌舞留連日

부엌 아래 굽고 남은 음식에 구더기가 피어   炮炙餘殘廚下生蟲蛆

땅 가득히 넘치는데 개도 먹지 않는다네   滿地淋漓犬不食

이춘원李春元, 1571-1634   〈전복 따는 노래(採鰒行)〉,《구원집九畹集》

망양정望洋亭은 지금의 경상북도 울진군 근남면 해안에 있는 정자로
서 동해안에 있는 여덟 명승지, 관동팔경關東八景의 하나입니다.

이춘원은 1607년 7월에 동래부사로 부임해 1608년 2월까지 근무했
습니다. 이 시기에 망양정에 들렀다가 전복을 따는 늙은 잠수부를 목
격하고 그 처참한 생활상을 시로 읊은 것입니다. 제주도 잠녀처럼 육지
의 잠수부들의 삶도 고단했음을 알 수 있습니다.

사실 조선시대 잠수부는 잠녀만 있었던 것은 아닙니다. 제주도에서
만 여성이 거의 물질을 했고, 육지의 해안에서는 대부분 남자들이 물
질의 역을 담당했습니다. 이들을 몰인沒人이라고 하는데 널리 쓰이는
말은 아니었지요. 물론 해남이라는 말은 없었습니다.

근래 제주도 해녀는 유네스코 인류무형문화유산으로 등재되었습
니다. 참으로 축하할 일입니다. 이제 해녀들은 무명 물옷 대신 고무 잠
수복을 입습니다. 그러나 물질은 예나 지금이나 목숨이 달린 위험한

일입니다. 물론 조선시대처럼 물질을 강제하지는 않습니다. 지금의 물질은 오로지 스스로 자유롭게 선택하는 직업일 뿐입니다. 그러니 이런 작업이 영원히 이어져 나갈지는 의문입니다. 부디 푸른 바다 위 해녀들의 숨비소리가 전통을 계승해 가기를 바랍니다.

추사가 사랑한
수선화

제주도 대정읍 추사秋史 김정희金正喜. 1786-1856의 유배지를 찾았습니다. 1월 중순의 한겨울인데 이곳은 벌써 봄기운이 물씬 납니다. 유배지 돌담가에는 수선화가 무리 지어 피어 있습니다. 이곳에 와서 수선화가 매화와 동시에 봄을 알리는 전령임을 깨달았습니다.

이곳 유배지의 수선화는 단순히 보기 좋으라고 심어 놓은 게 아닙니다. 추사는 제주 수선화를 처음으로 사랑하고 세상에 널리 알린 사람입니다.

수선화는 과연 천하의 큰 구경거리입니다. 강절江浙(중국 강남) 이남 지역에는 어떤지 모르겠습니다만, 이곳은 마을 마을마다 한 치, 한 자쯤의 땅에도 이 수선화가 없는 곳이 없습니다. 꽃의 품격인 화품花品이 대단히 높은데 한 포기에 많게는 십여 송이의 꽃이 피고, 대개 팔구 내지 오륙 송이로서 어느 것도 그렇지 않은 것이 없습니다. 그 꽃은 정월 그믐과 2월 초에 피어서 3월까지 이릅니다. 산과 들, 밭두둑에 흰 구름처럼 널리 퍼져 있고, 또는 흰 눈처럼 드넓게 깔려 있습니다. 이 죄인의 거처 문의 동서쪽 모두가 그렇지 않은 곳이 없습니다. 굴속의 초췌한 이 몸을 돌아보건대 어떻게 그것에 가까이 갈 수 있겠습니까? 눈을 감아 버리면 그만일 터이지만, 눈을 뜨면 곧 시야에 가득 들어오니, 어떻게 해야 시야를 가려 보이지 않게 할 수 있겠습니까? 그런데 토착민들은 이것이 귀한 줄을 모릅니다. 소와 말들이 수선화를 뜯어 먹고 또한 짓밟아 버립니다. 게다가 그것이 보리밭에 많이 자라기 때문에 마을의 장정이나 아이들이 호미로 파내어 버리는데, 호미로 파내도 다시 돋아나곤 하기 때문에 또한 이것을 원수 보듯 합니다. 사물이 제자리를 얻지 못한 것이 이와 같습니다.

또 한 종류의 천엽千葉(여러 겹으로 된 꽃)이 있는데, 처음 송이가 터져 나올 때에는 마치 국화의 청룡수靑龍鬚와 같아서 서울에서 보았던 천엽과는 몹시 달라서 곧 하나의 기품奇品입니다. 늦가을이나 초겨울에 제가 큰 뿌리를 골라서 보내드리려고 합니다. 그때 인편이 늦어지지나 않을는지 모르겠습니다. 굴자屈子(굴원)가 "고인古人에게 이르지 못하니, 누구와 더불어 이 방초芳草를 즐겨 구경하리오."라고 한 말에 제가 불행하게도 가깝습니다. 접촉하는 지경마다 감회가 처량해 더욱 눈물이 쏟아지는 것을 막지 못하겠습니다.

김정희 〈권이재 돈인에게 보내다|與權彝齋敦仁〉,《완당전집阮堂全集》

추사는 유배지 주변에 흰 구름과 눈발처럼 널려 있는
수선화 무리에 감동해 눈물이 쏟아진다고 했습니다.

추사가 유배지에서 서울에 있는 이재彛齋 권돈인權敦仁에게 보낸 편지입니다. 추사는 유배 오기 전에 중국에서 들여온 수선화 몇 송이를 애지중지 키웠는데 뜻밖에 제주도에서 잡초처럼 지천으로 깔린 수선화를 목격했던 것입니다.

수선화는 조선 후기 지식층에서 열광적으로 사랑하고 좋아하던 꽃이었습니다. 처음에는 중국의 시문을 통해 그 이름이 알려졌으나 점차 명나라와 청나라에 사신으로 갔던 일행들이 구해 들여와서 키우는 사람들이 많아졌고 수선화를 시문으로 짓는 일도 굉장히 유행했지요.

매화만큼 지식인들이 사랑한 꽃

우리나라에서 수선水仙이라는 이름을 내가 본 것은 수십 년 전에 처음이었는데 지금처럼 성대하지 않았고 옛날에는 알려지지 않았었다. 우연히 오산五山 차천로車天輅의 《설림說林》을 열람해 보니, "황산곡黃山谷의 수선화 시에 '파도 가르는 선녀의 버선에 먼지 일고, 물 위에서 아리땁게 희미한 달빛을 밟네[凌波仙子生塵襪 水上盈盈步微月]'라고 했는데, 서화담徐花潭 선생이 제자를 가르치면서 이 구절에 이르러 이해할 수 없었다. 선생은 잡서를 보지 않았기 때문이었다."라고 했다. 조자건曹子建의 〈낙신부洛神賦〉에 "파도 가르며 가볍게 걸으니, 비단 버선에 먼지가 이네."라는 구가 있는데 산곡이 그 뜻을 인용한 것이다. 미공眉公의 《암서유사巖棲幽事》에 "수선을 산곡이 지극히 숭상하여 어떻게 가지고 가서 자신궁에 올려서, 궁궐 매화와 등급을 정하도록 요청할까[何特持上紫宸殿 乞與宮梅定等差]"라고 했다. 오산 또한 수선이 무슨 꽃인지 몰랐는데 일본에 들어갔을 때 "한 화초를 보았는데 10월에 처음 자라나서 잎은 가란假蘭과 같고 길이는 수척이었다. 11월에 꽃이 피는데 색은 하얗고 12월에 쇠락하고 정월에 말라 버리고 2월에 꺾여 죽어 버렸다. 왜승倭僧에게 물어보고 수선화임을 알았다."라고 했다. 내가 옛날에는 알려지지 않았다고 한 것은 근거 없이 판단한 것이 아니다. 우리나라에 본래 없었던 것은 아니다. 탐라에서 자라는데 사람들이 무슨 물건인지 알지 못했다. 근래 연경燕京으로부터 구매해 왔는데 이어서 세속에서 숭상되었다. 그처럼 세속에서 높여 소중히 여기기 때문에 탐라에 들어간 자가 비로소 수선화임을 알고 종자를 가지고 바다를 건너오니 서울에 두루 퍼졌다. 탐라의 풍속에서는 수산水蒜이라고 불렀는데 뿌리와 잎이 마늘과 비슷하고 물에서 자라는 것을 좋아하기 때문이다.

이규경 〈수선화변증설水仙花辨證說〉, 《오주연문장전산고》

오산 차천로1556-1615는 일찍이 송나라 산곡山谷 황정견黃庭堅의 수선화 시를 보고 그 꽃의 정체가 궁금했습니다. 그러다 1590년 황윤길黃允吉을 수행해 통신사 일행으로 일본에 갔을 때 수선화를 처음 보게 되었습니다.

황정견은 수선화 시에서 위나라 조식曹植의 〈낙신부〉의 구절을 인용해 수선화를 낙수洛水의 신, 복비宓妃의 환생이라고 설정하고, 능파선자凌波仙子(파도 위를 걸어오는 선녀)라고 읊었습니다. 황정견의 수선화 시는 동아시아에 널리 전파되었고 그와 동시에 수선화는 매화만큼 지식인들에게 사랑받게 되었습니다. 미공은 명나라 진계유陳繼儒입니다.

수선은 강남江南에서 난다. 지난 임신년1812, 순조 12에 자하紫霞가 연경에 사신 갔다가 겨울에 돌아오면서 가지고 왔는데, 이것이 맨 처음 우리나라에 들어온 것이다. 지금까지 60년 동안 끊이지 않고 우리나라로 들어왔는데, 갑오년1834, 순조 34 뒤로는 연경에서 들여오는 것을 금지한 물품 조목 속에 그것 또한 포함되어 수년 동안 가지고 나오지 못했다. 뒤로 차츰 금지하는 법령이 느슨해졌다. 함풍咸豊(청나라 문종의 연호, 1831-1861) 때 남쪽 비적匪賊의 전쟁으로 황성皇城(연경)에도 종자가 끊어져 지금까지 매매되는 것이 많지 않다.

이유원 〈수선화〉,《임하필기》

자하는 신위申緯의 호입니다. 이유원이 우리나라에 수선화를 처음 가져온 사람이 신위라고 한 것은 다음의 시에 근거한 것입니다.

운향이 손이 한가로워 또 꽃을 보내니	運餉手閑且運花
눈 오는 날 수레에 꽃을 실어 시인에게 주었네	雪天飛輓餉詩家
누가 선녀의 물결 가르는 버선을 알 것인가	誰知仙子凌波襪
처음 하옹(신위)의 달을 관통하는 뗏목을 쫓아 왔네	始逐霞翁貫月槎

신위 〈소재 운향이 수선화를 부쳐 줌에 사례하다(謝篠齋運餉寄水仙花)〉 2수 중 1수
《경수당전고》

신위는 시의 설명에 "임신년1812 겨울에 내가 연경에 사신을 갔다가 돌아올 때 수선화를 가지고 왔다. 이것이 수선화가 동쪽으로 온 처음이다."라고 했습니다.

위 시는 신위가 연경에 사신을 갔을 때 운향사運餉使 소재篠齋 서기수徐淇修가 수선화를 보내 준 것에 답례한 것입니다. 운향사는 군량을 운송하는 관직입니다. 시의 셋째 구는 황정견의 시구를 인용한 것이고, 달을 관통하는 뗏목은 사신의 수레를 의미합니다.

신위는 자신이 수선화를 처음 들여왔다고 했지만 그것은 사실이 아닙니다.

은대금잔에 작은 티끌도 없는데	銀臺金盞絶纖瑕
우리나라에서 일찍이 이 꽃을 본 적이 있었던가	東土何曾見此花
연경 시장에서 사 오며 값도 따지지 않았으니	燕市購來不論直
가옹의 호사도 또한 자랑할 만하네	稼翁好事亦堪誇

김창업 〈수선화〉,《노가재집老稼齋集》

노가재老稼齋 김창업은 1712년에 형 김창집이 사은사謝恩使로 청나라에 임금의 뜻을 전하러 갈 때 함께 다녀왔습니다. 이때 값도 따지지 않고 연경의 시장에서 수선화를 사 가지고 왔다고 했습니다. 신위보다도 백 년이 앞선 때입니다.

은대금잔銀臺金盞은 하얀 수선화 꽃잎 가운데에 노란 술잔 같은 꽃술 테두리가 있기 때문에 수선화의 별칭으로 사용하는 말입니다.

앞서 이유원의 글에서 1834년에 수선화는 수입 금지 품목이 되었다고 했습니다. 얼마나 많은 사람들이 수선화를 너도나도 사들여 왔으면 나라에서 금지령까지 내렸을까요?

> 제주에서 나는 수선화는 추사秋史가 처음 알았다. 올바른 방법으로 키우면 강남에서 나는 것보다 뒤떨어지지 않는다. 그러나 본토에서는 오색화五色花가 피지만 바다를 건너면 색이 변하고 만다.
>
> 이유원　〈호남사물湖南四物〉, 《임하필기》

제주에서 나는 우리 수선화는 오색화를 피우는 품종인데 바다를 건너 뭍으로 오면 원래의 색이 변한다고 합니다. 이런 기이한 수선화를 추사가 처음 알린 것입니다. 추사는 수선화를 많이 읊었습니다.

* 수선화는
  그윽하고 고요하며
  차갑고 풍만하다

푸른 바다 푸른 하늘가에서 한차례 기뻐하니	碧海靑天一解顔
신선과의 인연 따라 이른 곳 끝내 인색하지 않네	仙緣到底未終慳
호미 날 끝에 버려진 평범한 이 물건	鋤頭棄擲尋常物
밝은 창과 맑은 궤안 사이에서 공양하네	供養窓明几淨間

〈수선화가 곳곳마다 있어서 골짜기를 채울 만한데, 밭 사이에는 더욱 무성하다.
토착민들은 무슨 물건인지도 모르고 보리를 갈 때 모두 호미로 파내 버린다
[水仙花在在處處 可以谷量 田畝之間尤盛 土人不知爲何物 麥耕之時盡爲鋤去]〉

김정희 《완당전집阮堂全集》

흙 한 줌이 아쉬운 제주 사람들에게 보리밭에 무성하게 자라는 수
선화는 잡초와 다를 바가 없습니다. 밝은 창 아래 궤안几案(탁자의 한 종류)
에 수선화를 모셔 놓고 감격하고 귀양객의 마음을 절대로 알 리 없습
니다.

한 점 겨울 마음 송이송이 둥글고	一點冬心朶朶圓
화품은 유담하고 냉준하네	品於幽澹冷雋邊
매화는 품격이 높지만 뜨락을 벗어나지 못하는데	梅高猶未離庭砌

추사 김정희 유배지.
추사는 제주도에 있는 동안
추사체의 글씨를 완성했습니다.

맑은 물가에서 참으로 해탈한 신선을 보네 　　　　　清水眞看解脫仙

김정희　〈수선화〉,《완당전집》

유담幽澹은 그윽하고 고요한 것이고, 냉준冷雋은 차갑고 풍만한 것입
니다. 맑은 물가의 해탈한 신선, 바로 추사가 목격했던 제주 수선화의
본모습이었습니다.

술 푸르고 등불 파란 낡은 집 안에 　　　　　酒綠燈靑老屋中

수선화가 옥영롱을 피었네 　　　　　　　　水仙花發玉玲瓏

항상 눈기운이 간섭함이 많으니 　　　　　　尋常雪意多關涉

시경이 공몽해 화경과 같네 　　　　　　　　詩境空濛畵境同

김정희　〈눈 내리는 밤에 우연히 읊다[雪夜偶吟]〉,《완당전집》

이 시에 대한 추사의 설명에 "수선화의 천엽千葉은 옥영롱玉玲瓏이다.
이곳 안의 수선화는 모두 천엽이다."라고 했습니다.

천엽은 꽃잎이 겹꽃인 것을 말합니다. 눈 내리는 겨울밤에 수선화
를 마주하니 시경詩境과 화경畵境, 시와 그림의 경지가 아득하게 한 몸
이 된 것이지요.

추사는 1840년 9월에 제주도에 왔습니다. 제주도에 있을 때, 종이
바탕에 수묵으로 그린 〈세한도歲寒圖〉는 국보로 지정되었습니다. 조선
시대 문인화의 대표적인 작품이지요. 추사는 1848년 12월에 유배에서

풀려나서 고향인 충청도 예산으로 돌아갔습니다. 고향으로 돌아갈 때 이곳 수선화를 함께 데리고 갔을 것입니다.

- 표지 그림　전기田琦, 〈매화초옥도梅花草屋圖〉, 국립중앙박물관 제공
- 15쪽　김지호-한국관광공사
- 21쪽　저자 제공
- 30쪽　이범수-한국관광공사
- 40쪽　김지호-한국관광공사
- 51쪽　한국관광공사
- 57쪽　김지희
- 63쪽　김지호-한국관광공사
- 64쪽　저자 제공
- 67쪽　김지호-한국관광공사
- 81쪽　저자 제공
- 86쪽　김지호-한국관광공사
- 96쪽　김지호-한국관광공사
- 101쪽　저자 제공
- 103쪽　저자 제공
- 110쪽　저자 제공
- 116쪽　저자 제공

- 118쪽 저자 제공
- 120쪽 Wikimedia Commons – Knag Byeong Kee
- 126쪽 (위) IR 스튜디오 – 한국관광공사

  (아래) 김지호 – 한국관광공사
- 135쪽 부안군청
- 146쪽 부안군청
- 151쪽 김지호 – 한국관광공사
- 165쪽 권순혜 – 한국관광공사
- 177쪽 문화재청
- 182쪽 (위) 문화재청

  (아래) 김지호 – 한국관광공사
- 188쪽 저자 제공
- 193쪽 김지호 – 한국관광공사
- 201쪽 김양호
- 205쪽 김양호
- 216쪽 저자 제공
- 228쪽 crowdpic – Gting1099
- 241쪽 crowdpic – Klinsi
- 248쪽 한림공원
- 255쪽 김지호 – 한국관광공사

우리 곁의 한시

여행이 즐거워지는 역사 이야기

ⓒ 기태완

초판 1쇄 발행 2018년 1월 25일

지은이 기태완

펴낸이 김한청
편집 김지희
마케팅 최원준, 최지애
디자인 김지혜
본문조판 김성인

펴낸곳 도서출판 다른
출판등록 2004년 9월 2일 제2013-000194호

주소 서울시 마포구 동교로 27길 3-12 N빌딩 3층
전화 02-3143-6478
팩스 02-3143-6479
블로그 blog.naver.com/darun_pub
트위터 @darunpub
페이스북 /darunpublishers
이메일 khc15968@hanmail.net
ISBN 979-11-5633-189-6 43900